Bernhard Rogge

Der große Preußenkönig

Bernhard Rogge

Der große Preußenkönig

ISBN/EAN: 9783955643300

Auflage: 1

Erscheinungsjahr: 2013

Erscheinungsort: Bremen, Deutschland

@ EHV-History in Access Verlag GmbH, Fahrenheitstr. 1, 28359 Bremen. Alle Rechte beim Verlag und bei den jeweiligen Lizenzgebern.

Der große Preußenkönig

von

D. Bernhard Rogge

D. C. HEATH & CO., PUBLISHERS
BOSTON   NEW YORK   CHICAGO

Friedrich der Große.

Der große Preußenkönig

Erstes Kapitel
Friedrichs des Großen Kindheit und Jugend

Auch der große König hat an sich das Wort erfahren müssen:[1] „Es ist einem Manne gut, daß er das Joch tragen lerne in seiner Jugend,"[2] denn er ist unter der harten Zucht eines strengen Vaters aufgewachsen. Ihr[3] habt gewiß schon manchmal von dem Soldatenkönig Friedrich Wilhelm I.[4] gehört, der ein Feind alles äußeren Prunkes gewesen ist und durch seine haushälterische Sparsamkeit wieder gut gemacht hat, was sein prachtliebender Vater, König Friedrich I.[5] durch Verschwendung versehen hatte. Ihr wißt auch, daß dieser König zuerst den Grund zu der Größe des preußischen Heeres[6] gelegt hat. Aber mit derselben Strenge, mit der er in dem von ihm geschaffenen Heere auf Mannszucht hielt, mit der er sich bis in die kleinsten Dinge um das Wohl seines Landes und seiner Untertanen kümmerte, hat er auch in seinem Hause und an seinem Hofe ein eisernes Regiment geführt. Diesem Könige ist Friedrich der Große von seiner Gemahlin[7] Sophie Dorothea, einer Tochter des Kurfürsten Georg von Hannover und nachmaligen Königs Georg I. von England, am 24. Januar 1712[8] im Königlichen Schlosse zu Berlin geboren worden. Sein Vater war damals selbst noch Kronprinz. Erst ein Jahr später, am 25. Februar 1713, wurde er durch den Tod seines Vaters auf den neubegründeten[1] Königsthron berufen.

Es war selbstverständlich, daß auf die Erziehung des nachmaligen Thronerben, der schon ein Jahr nach seiner Geburt Kronprinz geworden war, die größte Sorgfalt verwendet wurde. Bis zu seinem 7. Jahre lag sie in weiblichen Händen. Eine Frau von Kameke war seine Ober-Gouvernante, unter deren Leitung Madame de Montbail, die einer aus Frankreich vertriebenen Hugenottenfamilie[2] entstammte, die Aufsicht über den jungen Prinzen führte. Sie war schon die Erzieherin seines Vaters gewesen. Ihr Einfluß erweckte hauptsächlich die Vorliebe[3] Friedrichs des Großen für die französische Sprache, die er sein Leben lang[4] behalten hat. Hat er sich doch immer besser und richtiger in dieser Sprache auszudrücken vermocht, als in der ihm leider fremd gebliebenen deutschen Muttersprache. Mit seinem siebenten Jahre wurde der junge Fritz, wie er von Kindesbeinen an genannt wurde, militärischen Erziehern anvertraut. Der König arbeitete persönlich eine schriftliche Anweisung aus, in welcher er die Grundsätze aufstellte, nach denen die Erzieher und Lehrer des Kronprinzen verfahren sollten. Als die Hauptsache hob er darin hervor, daß sie darauf Bedacht nehmen sollten, „ihn zur wahren christlichen Religion zu leiten und zu führen und ihn im evangelischen Glauben zu unterweisen." Bei dieser Gelegenheit hat König Friedrich Wilhelm I. auch das oft angeführte Wort gesprochen: „Wir sind hierzulande protestantisch bis auf[1] die Knochen." Latein sollte er nach Anordnung des Königs gar nicht treiben; nur im Deutschen und im Französischen sollte ihm eine kurze und gefällige Schreibart angewöhnt werden. Um so gründlicher sollte er Rechnen,[2] Mathematik, Arithmetik und die für das praktische Leben notwendigen Kenntnisse erlernen. Die alte Geschichte sollte nach dieser königlichen Anweisung nur nebenbei behandelt werden; aber aufs genaueste[3] die Geschichte der letzten 150 Jahre, vor allem die des Hauses Brandenburg.[4] Besonders aber forderte der König von den Hofmeistern, daß sie es angelegen sein ließen, ihrem Zögling die wahre Liebe zum Soldatenstande einzuprägen und ihm begreiflich zu machen, daß einem Prinzen nichts in der Welt so sehr Ruhm und Ehre zu geben vermag, als der Degen, und daß er vor der Welt ein verachteter Mensch sein würde, wenn er ihn nicht liebte und in ihm nicht seine Ehre suchte.

Infolge dieser Anweisung erhielt der junge Kronprinz die sorgfältigste militärische Erziehung. Schon mit seinem zwölften Jahre war er in den damaligen Exerzierübungen so bewandert, daß er dem Vater eine für ihn aus gleichaltrigen Knaben gebildete Kompagnie vorführen konnte. Auch darauf nahm der König in seinen Anordnungen Bedacht, daß der Kronprinz in jeder Weise abgehärtet und zur Sparsamkeit angehalten würde. Bis zu seinem 17. Jahre erhielt er nur ein Taschengeld von etwa 2 Mark monatlich, und auch darüber mußte er dem Vater genaueste Rechnung legen. Ebenso forderte der König die strengste Pünktlichkeit in der Zeiteinteilung. Von morgens 6 Uhr an, wo Fritz aufstehen mußte, bis nachmittags war für jede Stunde die Beschäftigung bis ins einzelne vorgeschrieben. So hieß es am Schluß: „Im Aus= und Anziehen müssen die Hofmeister ihn gewöhnen, daß er hurtig aus und in die Kleider kommt, soviel als dies menschenmöglich ist. Sie sollen auch dahin sehen, daß er sich selbst aus= und anziehen lerne, proper und reinlich werde und nicht so schmutzig sei." Freilich sind diese Anordnungen des Vaters von den Hofmeistern nicht immer mit ganzer Strenge befolgt worden, und sie haben nicht gehindert, daß der Kronprinz mit zunehmenden Jahren auch mit manchen Dingen sich beschäftigte, die nicht nach dem Sinne des Vaters waren. Trotz des väterlichen Verbots, nach welchem der lateinische Unterricht völlig unterbleiben sollte, versuchte einer seiner Lehrer, ihn mit den lateinischen Schriftstellern bekannt zu machen. Doch bekam ihm dieser Versuch sehr schlecht.

Als der gestrenge Vater eines Tages in die Unterrichtsstunde kam und den Sohn bei lateinischen Büchern ertappte, wurde der Lehrmeister auf der Stelle entlassen. Noch mehr erregte es den Unwillen des Königs, daß der Kronprinz an den Werken französischer Dichter Geschmack fand und lieber französische Theaterstücke las, als die Bibel und geistliche Lieder. Gar kein Verständnis hatte der König für die Vorliebe des Kronprinzen für Musik. Hinter dem Rücken seines Vaters, aber mit Vorwissen seiner Mutter, hatte

Fritz gelernt, die Flöte zu spielen, die ja zeitlebens sein Lieblingsinstrument geblieben ist. Der Kronprinz hatte auf einer Reise nach Dresden, wohin ihn der Vater mitgenommen hatte, den berühmten Flötenspieler Quanz kennen gelernt. Quanz war auf seinen Wunsch nach Berlin gekommen, und er nahm bei ihm heimlich Unterricht. Eines Tages wurde er dabei von dem König überrascht, und noch dazu in einem bequemen und kostbaren Schlafrock, mit dem er die enge Uniform vertauscht hatte. Nur mit Mühe gelang es ihm, noch vor dem Eintritt des Königs in sein Zimmer, Noten und Flöte beiseite zu schaffen, schnell in die Uniform zu schlüpfen und seinen Lehrer Quanz sowie seinen Freund und Genossen im Flötenspiel, Leutnant Freund in einem Nebenraum zu verstecken. Den Schlafrock aber und einige auf dem Tisch liegende Bücher hatte er vergeblich zu verbergen gesucht. Zornerfüllt warf der König den Schlafrock ins Feuer und belegte die Bücher mit Beschlag, um sie durch einen Buchhändler verkaufen zu lassen. Über den ganzen Vorgang und über die Heimlichkeit dieses Treibens geriet der König so in Wut, daß der Prinz mehrere Tage nicht wagte, sich bei ihm sehen zu lassen.

Je mehr der Kronprinz heranwuchs, um so unfreundlicher gestaltete sich das Verhältnis zwischen Vater und Sohn. Der König sah in der Neigung des Kronprinzen zur Beschäftigung mit französicher Literatur und mit Musik eine bedenkliche Anlage zur Verweichlichung. Er nannte ihn gelegentlich einen Querpfeifer und Poeten und „effeminierten

Kerl", der nicht zum Soldaten taugen werde. Insbesondere verdroß es ihn auch, daß der Kronprinz je länger je mehr[1] in seinen religiösen Anschauungen von den seinigen abwich und aus seiner Abneigung gegen den Besuch des Gottesdienstes und die Teilnahme an den Hausandachten, auf die König Friedrich Wilhelm I. mit großer Strenge hielt, kein Hehl machte. Es unterliegt keinem Zweifel, daß dem geistig reichbeanlagten Kronprinzen die Religion durch die trockne Art des ihm erteilten Religionsunterrichtes und durch das mechanische Auswendiglernen[2] von Bibelsprüchen und Gesangbuchversen, das gelegentlich wohl auch als Strafmittel angewendet wurde, schon früh verleidet worden ist. Die ablehnende Stellung Friedrichs II. in seinem späteren Leben zur Kirche und den kirchlichen Einrichtungen findet gewiß in dieser falschen Art seiner religiösen Erziehung ihre teilweise Erklärung.

Andrerseits gab aber auch der Kronprinz dem ernst und streng gesinnten Könige durch sein sittliches Verhalten manchen Anlaß zu gerechter Besorgnis und zu wohlbegründeter Unzufriedenheit. Nur im militärischen Dienste, auf den König Friedrich Wilhelm I. so großen Wert legte, ließ er es an Pünktlichkeit und Gewissenhaftigkeit nicht fehlen. Schon mit 15 Jahren wurde er zum Major ernannt, und als solcher konnte er dem Könige das ihm anvertraute Bataillon[3] der Potsdamer Riesengarde bei einer Musterung zur vollen Zufriedenheit des Königs vorführen. Aber daneben setzte Fritz heimlich hinter dem Rücken des Vaters die musikalischen

Übungen und wissenschaftlichen Beschäftigungen fort, die in den Augen des Königs eine verwerfliche Zeitvergeudung waren. Wurde er von dem König dabei betroffen, so kam es zu den heftigsten Auftritten. In seiner maßlosen Heftigkeit ließ sich der König selbst zu körperlichen Mißhandlungen des dem Knabenalter entwachsenen Sohnes hinreißen. Und der Kronprinz suchte leider seinen Unmut über die Härte, mit der sein Vater ihn behandelte, in ausschweifenden Vergnügungen zu übertäuben und zu vergessen. Für solche Ausgaben aber reichten die ihm vom Vater kärglich zugemessenen Mittel nicht aus; er ließ sich verleiten, Schulden zu machen, wodurch wiederum der Unwille des sparsamen Vaters zunahm. Der König bezahlte zwar Friedrichs Gläubiger; er erließ aber gleichzeitig den strengen Befehl, nach dem es jedermann bei „Karren"[1] ja selbst Todesstrafe verboten wurde, einem Prinzen des königlichen Hauses Geld zu leihen. Durch diese Maßregel fühlte sich der Kronprinz in seiner Ehre aufs tiefste gekränkt.

Zum völligen Bruch zwischen dem Kronprinzen und seinem Vater kam es infolge des von der Königin Sophie Dorothea schon längst mit großem Eifer betriebenen Planes, den Sohn mit der englischen Prinzessin Amalie, Tochter des Königs Georg II. von England, zu verheiraten, während Friedrichs Schwester, die Prinzessin Wilhelmine, mit dem englischen Thronfolger, dem Prinzen von Wales, vermählt werden sollte. Friedrich Wilhelm hat sich anfangs auch seinerseits dem Plane nicht abgeneigt gezeigt. Plötzlich hielt König Friedrich Wilhelm aus politischen Gründen es für richtiger, von einem Bündnis mit England abzusehen und sich dem österreichischen Hofe zu nähern, der eine Annäherung zwischen England und Preußen mit allen Mitteln zu hintertreiben suchte. Um so mehr hielt die Königin an ihrem Plane fest, und der Kronprinz stand ebenso wie seine Schwester, Prinzessin Wilhelmine, auf der Mutter Seite. Der König wurde durch dieses Zerwürfnis in seinem Hause zum äußersten Zorn gereizt. Namentlich dem Kronprinzen gegenüber ließ er sich zu immer erneuten heftigen Auftritten hinreißen. Er scheute sich nicht, seine eigenen Kinder mit Ausdrücken wie „englisches Geschmeiß," „abscheuliche Clique" zu beehren. Auch neue Mißhandlungen des Sohnes blieben nicht aus. Bitter beklagte sich der Kronprinz darüber bei seiner Mutter, an die er im Dezember 1729 schreibt: „Ich bin in der äußersten Verzweiflung. Was ich immer gefürchtet habe, hat mich endlich getroffen. Heute früh kam ich wie gewöhnlich in des Königs Zimmer; sowie er mich sah, erwischte er mich am Kragen und schlug mich auf das grausamste mit seinem Stock. Vergebens suchte ich mich zu decken; seine Wut war so fürchterlich, daß er seiner nicht mächtig war, und nur seine Ermüdung bewirkte, daß er endlich nachließ. Ich war zum äußersten getrieben. Ich habe zu viel Ehre in mir, um solche Behandlung zu ertragen, und bin entschlossen, auf eine oder die andere Art der Sache ein Ende zu machen."

Der Kronprinz glaubte sich von seinem Vater gehaßt und faßte endlich den Entschluß, sich den fortgesetzten Mißhandlungen durch die Flucht ins Ausland zu entziehen. Er weihte seine Schwester Wilhelmine, sowie die ihm befreundeten Leut=

nants von Katte und von Keith in sein Vorhaben ein. Der Schwester berichtete er von einem neuen Auftritt, den er in Potsdam mit dem Könige gehabt habe. Dieser, so erzählt, er, habe ihn eines Morgens rufen lassen; sowie er eingetreten, habe er ihn an den Haaren gefaßt, zu Boden geworfen, mit Fäusten geschlagen und dann ans Fenster geschleppt und ihm den Strick des Vorhangs um den Hals gelegt. Ein auf seinen Hilferuf herbeigeeilter Kammerdiener habe ihn mit Gewalt aus des Königs Händen befreit und vor der drohenden Erdrosselung geschützt.

Vergeblich suchte ihn die Schwester von dem gewagten Unternehmen abzumahnen. Dennoch beschloß er, auf einer Reise nach Süddeutschland, auf der er den König begleiten mußte, den Fluchtversuch zu wagen. Sobald man in die Nähe des Rheins gekommen wäre, gedachte er über die französische Grenze zu entfliehen und von da über Holland nach England zu gehen. Am 3. August wurde[1] in der Nähe von Sinsheim übernachtet. In der Frühe des andern[2] Morgens sollte die Flucht gewagt werden. Die von einem Bruder Keiths, einem Pagen in des Königs Gefolge, besorgten Pferde standen schon bereit, als Oberstleutnant Rochow, der zu des Kronprinzen Dienst kommandiert war, dazwischen trat und die Ausführung der Flucht hinderte. Ein aufgefangener Brief Friedrichs an seinen Freund, den Leutnant Katte, gab über die Absichten des Prinzen völligen Aufschluß. Bei der Nachricht von dem Fluchtversuch seines Sohnes geriet der König in die äußerste Wut. Friedrich wurde auf Befehl des Königs von Oberstleutnant Rochow, der mit seinem Kopfe[1] dafür einstehen mußte, daß der Kronprinz nicht entkäme, nach Wesel gebracht, wo das erste Verhör stattfand. Der König hatte versprochen, an ihm und den Mitwissern Gnade für Recht ergehen zu lassen, wenn der Kronprinz reumütig alles bekenne. Daraufhin legte er das offene Bekenntnis ab, daß er habe fliehen wollen, und nannte Keith und Katte, in der Meinung, daß die beiden bereits über die Grenze entflohen seien, als seine Vertrauten. Aber nur Keith war glücklich nach Holland entkommen, und im Haag wurde seine Auslieferung verweigert.

Der unglückliche Katte dagegen hat seine Mitwissenschaft mit dem Tode büßen müssen. Bei der ersten Begegnung des Königs mit dem Kronprinzen in Wesel, zog er rasend vor Zorn den Degen und wollte ihn seinem Sohne durch den Leib stoßen. Nur das Dazwischentreten des Kommandanten von Wesel rettete den Kronprinzen und veranlaßte den König, den Degen wieder einzustecken. Dem Kronprinzen aber wurde der seinige abgenommen und auf Umwegen, auf denen die Berührung außerpreußischen Gebietes möglichst vermieden werden mußte, wurde er zunächst nach Mittenwalde[2] und von da auf die Festung Küstrin[3] überführt. In Köpenick trat auf Befehl des Königs ein Kriegsgericht zusammen. Der König war entschlossen, die vollste Strenge walten zu lassen, um so mehr, als die Untersuchungen ergaben, daß nicht bloß der englische Hof bei dem Fluchtversuch eine mehr als zweideutige Rolle gespielt hatte, sondern daß auch der französische Hof mit ins Geheimnis eingeweiht war. Dieses geheime Einvernehmen ganz besonders erfüllte den König mit gerechtem Zorn. Was sollte aus einem Staate werden, der ganz auf Pflichttreue und Gewissenhaftigkeit im Dienst, auf Ordnung und Unterordnung gegründet war, wenn der dem Throne am nächsten Stehende ein solches Beispiel von Pflichtvergessenheit, Auflehnung und Desertion gäbe, wenn er Offiziere der Armee verführen konnte, gleich ihm zu vergessen, daß sie in ihrem Fahneneid geschworen hatten: „Dem König treu, hold und gewärtig zu sein, seinen Vorteil zu suchen und seinem Schaden zu wehren?" In dem vollen Bewußtsein seiner königlichen Verantwortlichkeit war Friedrich Wilhelm entschlossen, die ganze Wucht strafender Gerechtigkeit anzuwenden, nach dem Grundsatz: „Fiat justitia et pereat mundus,"[1] auf den er sich bei dieser Gelegenheit selbst berufen hat. Schwer trug der König selbst an dieser Strenge, Nachts irrte er schlaflos von Zimmer zu Zimmer, oder ließ anspannen, um nach Wusterhausen hinauszufahren, und jagte dann wieder heim, ohne Ruhe zu finden.

Das am 25. Okt. zusammengetretene Kriegsgericht gab in betreff des Kronprinzen einstimmig die Erklärung ab, daß ihm über Vorgänge in der königlichen Familie kein Urteil zustehe und in dieser Beziehung alles Seiner Majestät höchster und väterlicher Gnade überlassen bleiben müsse. In betreff Kattes stimmten acht für den Tod, acht für ewige Festungsstrafe, da die Flucht nicht ausgeführt, sondern nur vorbereitet sei. Es wurde demnach auf die mildere Strafe erkannt.[2] Keith, der tatsächlich desertiert war, wurde zum Tode verurteilt. Drei Tage lag das Urteil des Kriegsgerichts beim Könige, ehe er seine Entscheidung traf. Es ist wohl nicht richtig, wenn behauptet wird, daß Friedrich Wilhelm den furchtbaren Entschluß hätte fassen wollen, auch über seinen Sohn die Todesstrafe zu verhängen. Allerdings erteilte er dem Kriegsgericht den Befehl, das Urteil vom 28. Okt. zu ändern, aber dieser Befehl hat sich nur auf das Urteil über Katte bezogen. Auf der Rückseite des Blattes, auf dem der König diesen Befehl erteilt hat, sind von seiner Hand drei Bibelstellen angeführt, unter ihnen 2. Sam. 18, 12, wo es heißt: „Der Mann sprach zu Joab: „Hütet euch, daß nicht jemand dem Knaben Absalom ein Leids[1] antue." Danach wird man über des Königs Sinn nicht mehr im Zweifel sein können. Das Urteil über Katte dagegen wies der König nochmals an das Kriegsgericht zurück mit dem Befehl: „Sie sollten Recht sprechen und nicht mit dem Flederwisch darübergehen." Über Katte verlangte er die Verhängung des Todesurteils. Er werde sich, so begründete er seine Forderung, auf keinen Offizier und Diener, der in Eid und Pflicht sei, mehr verlassen können, wenn Katte mit einer milderen Strafe davonkomme.

Die Hinrichtung Kattes wurde unter den Augen des Kronprinzen vollzogen, der in Küstrin in einem Zimmer des dortigen Schlosses in Haft gehalten wurde. Erst kurz vor der Vollstreckung des Todesurteils erfuhr er davon. Umsonst bat er, daß die Hinrichtung verschoben werde, bis er an den König geschrieben habe; er wolle jede Strafe, Entsagung, Tod, ewiges Gefängnis erdulden, wenn Katte begnadigt würde. Der Aufschub wurde nicht bewilligt, weil man den Zorn des Königs fürchtete. Zwar blieb der unmittelbare Anblick des Schafotts, auf dem Kattes Haupt fiel, dem Kronprinzen erspart. Dem Befehl des Königs zuwider ist es an einer Stelle des Schloß= walles errichtet worden, die sein Blick nicht erreichen konnte; aber er mußte das Kommando des Offiziers hören, auf welches die Vollstreckung ausgeführt wurde. Als Katte auf dem Wege zur Hinrichtung an dem Fenster des Kronprinzen vorüberge= führt wurde, rief er ihm die Bitte zu, daß er ihm verzeihen möge. Katte erwiderte: er habe ihm nichts zu verzeihen.

Ein Feldprediger, der Katte zu seinem letzten Gange vorbe= reitet hatte, überbrachte dem Kronprinzen des Freundes letzte Aufträge und Grüße, mit denen er den Prinzen mahnen ließ, in sich zu gehen und sein Herz Gott zu ergeben. Auch der Feldprediger legte ihm diese Mahnung mit ernsten und drin= genden Worten ans Herz. In einer längeren[1] Unterhaltung gelang es dem frommen Geistlichen, den Kronprinzen zum Eingeständnis seines Unrechts zu bewegen, so daß er dem Könige über die aufrichtige Reue seines Sohnes berichten und ihn seiner väterlichen Gnade empfehlen konnte. Daraufhin er= mächtigte der König den Geistlichen, dem Kronprinzen zu eröffnen, daß er ihn, wenn ihm seine Sünden von Herzen leid wären[2] und es sein aufrichtiger Wille sei, sich zu bessern, aus unverdienter Gnade aus dem strengen Arrest entlassen, in der Festung Küstrin frei umhergehen lassen und ihn der Kriegs= und Domänenkammer daselbst zur Beschäftigung überweisen wolle. Nachdem der Kronprinz durch einen feierlichen Eid vor einer nach Küstrin abgesandten Kommission sich verpflichtet hatte, dem königlichen Willen pünktlich und gehorsam nachzuleben und in allen Stücken zu tun, was einem getreuen Diener, Untertan und Sohn gebührt, durfte er aus seinem bisherigen Gefängnisse im Schlosse in ein Haus übersiedeln, das für ihn in der Stadt eingerichtet worden war.

Noch fünfzehn Monate hat der Aufenthalt des Kronprinzen in Küstrin gewährt. Er durfte zwar frei in der Stadt umhergehen, sie aber ohne Erlaubnis des Kommandanten für keine Nacht verlassen. Auch sonst wurde er aufs sorgfältigste überwacht. Mit großem Eifer und gewissenhafter Pünktlichkeit unterzog er sich den ihm bei der Kriegs= und Domänenkammer aufgetragenen Arbeiten. Die Kenntnisse, die er sich dadurch in den verschiedenen Zweigen der Verwaltung erworben hat, sind ihm später bei seiner Regierung sehr zu statten gekommen. Er hat dadurch einen guten Einblick in die Forst= und Landwirtschaft bekommen und die Werte der Landgüter, die Preise der Lebensmittel, die Bedürfnisse des Volkes, die Gewohnheiten, Rechte und Pflichten der Untertanen bis ins einzelnste kennen gelernt.

Nachdem sich Friedrich ein Jahr lang in der Küstriner Verbannung musterhaft und zur vollsten Zufriedenheit geführt hatte, benutzte der König eine Reise in die Neumark, den Sohn zu besuchen. Unter Tränen warf sich Friedrich dem Vater zu Füßen und flehte um Vergebung, die ihm in der Hoffnung auf andauernde Besserung auch gewährt wurde. Bei der im November 1731 zu Berlin gefeierten Vermählung seiner Lieblingsschwester, der Prinzessin Wilhelmine, mit dem

Erbprinzen von Bayreuth durfte er zum erstenmal wieder bei
Hofe in Berlin erscheinen. Nicht lange darauf wurde er
zum Oberst und Kommandeur des Goltz'schen[1] Infanterie=
regiments in Neu=Ruppin ernannt, wohin er nun von Küstrin
übersiedelte.

König Friedrich Wilhelm hatte zur Bedingung seiner Aus=
söhnung mit dem Sohne und seiner väterlichen Vergebung
gemacht, daß dieser für immer auf die englische Heirat verzichte.
Dagegen hatte der König die älteste Tochter des Herzogs
Johann von Braunschweig=Bevern, Elisabeth Christine, zur
künftigen Gemahlin seines Sohnes erwählt. Es war ein
schweres Opfer, das Kronprinz Friedrich seinem Vater brachte,
als er nach langen inneren Kämpfen sich dazu verstand, in diese
Vermählung zu willigen. Wenn er auch gegen die Person der
wohl erzogenen Prinzessin nichts einzuwenden hatte, so stand sie
ihm doch innerlich völlig fremd und ist ihm auch zeitlebens
fremd geblieben. Friedrich hat an der Seite der ihm am 20.
Juni 1733 zu Salzdahlum, einem in der Nähe von Wolfen=
büttel gelegenen braunschweigischen Schlosse, unter Entfaltung
fürstlichen Glanzes angetrauten Gemahlin niemals das Glück
einer wirklichen ehelichen Gemeinschaft gefunden. Durch
den Gehorsam, mit dem er sich dem Wunsch und Willen seines
Vaters unterwarf, ist über sein ganzes späteres Leben ein
düsterer Schatten ausgebreitet worden. Nachdem die Neu=
vermählten am 27. Juni in Berlin ihren feierlichen Einzug
gehalten hatten, nahmen sie ihren Wohnsitz in dem in der
Nähe von Neu=Ruppin gelegenen Schlosse Rheinsberg, das der

König dem Kronprinzen in Anerkennung seines Gehorsames geschenkt hatte.

Hier hat sich der Thronfolger sieben Jahre hindurch bis zum Antritt seiner Regierung mit der größten Gewissenhaftigkeit der Ausbildung des ihm anvertrauten Regiments, daneben aber auch im ungezwungenen Verkehr im Kreise gleichgesinnter Freunde, die er in seine Nähe zog, der Pflege der Künste und Wissenschaften gewidmet. Zugleich aber hatte er diese Jahre zur ernsten und stillen Vorbereitung auf seinen künftigen hohen Beruf ausgenutzt. Aus dieser Zeit stammt eine berühmt gewordene Schrift Friedrichs über „die Rechte und Pflichten eines Herrschers", die von dem Ernste Zeugnis gibt, mit dem er schon damals seinen zukünftigen königlichen Beruf erfaßte. Durch die Gewissenhaftigkeit aber, mit der er trotz aller Nebenbeschäftigungen und bei aller Freiheit und Ungezwungenheit des geselligen Verkehrs, der in Rheinsberg herrschte, keinen Augenblick die Pflichten seines militärischen Dienstes verletzte, erwarb er sich immer mehr[1] die Zufriedenheit seines Vaters. War er doch[2] sichtlich bemüht, sein Regiment zu einem der tüchtigsten des ganzen Heeres auszubilden. Das bereitete dem Herzen des Soldatenkönigs je länger je mehr Freude, und nach den unseligen Zerwürfnissen der früheren Jahre traten sich beide auch innerlich wieder näher. So war er mit dem Vater völlig wieder ausgesöhnt, als sich dessen Tage mit Beginn des Jahres 1740 ihrem Ende zuneigten.

Schon in den letzten Jahren hatte König Friedrich Wilhelm viel unter gichtischen Anfällen und Beschwerden zu leiden gehabt. Gegen Ende Mai 1740 trat dann in dem Befinden des Königs eine so erhebliche Verschlimmerung ein, daß der Kronprinz durch einen reitenden Boten nach Potsdam an das Krankenbett des Vaters berufen werden mußte. Tief bewegt schloß Friedrich Wilhelm den herbeigeeilten Sohn in seine Arme. Die wenigen schmerzensfreien Stunden die ihm noch blieben, benutzte er dazu, dem Sohne die Pflichten ans Herz zu legen, die mit dem bevorstehenden Antritt der Regierung seiner warteten. Vor allem schärfte er ihm ein, auf das Emporkommen seines Hauses, auf eine selbständige, von den auswärtigen Mächten unabhängige Stellung Preußens und auf die Wohlfahrt seiner Untertanen Bedacht zu nehmen. Mit dem Sohne nun völlig ausgesöhnt, konnte Friedrich Wilhelm mit dem Bewußtsein aus dem Leben scheiden, daß sein Erbe nicht, wie er früher befürchtet hatte, in dem eitlen Schimmer fürstlichen Glanzes oder nur in der Beschäftigung mit Künsten und Wissenschaften seine Befriedigung suchen, sondern seine ganze Kraft dem Wohle des Staates widmen würde. Nach einer der letzten Unterredungen, die der König mit dem Thronfolger gehabt hatte, dankte er Gott, daß er ihm einen so braven Sohn gegeben, indem er ihn in tiefster Rührung mit den Worten umarmte: „Mein Gott, ich sterbe zufrieden, da ich einen so würdigen Sohn und Nachfolger hinterlasse." In dem Vorgefühl seines nahen Endes übergab er diesem in feierlicher Weise in Gegenwart des gesamten Hofes und der Minister die Regierung, um dann am 31. Mai 1740 unter frommen Gebeten und mit dem Sterbeseufzer: „Herr Jesu, du bist mein

Gewinn im Leben und im Sterben" die Augen auf immer zu
schließen.

Zweites Kapitel
Der Regierungsantritt König Friedrichs

Mit 28 Jahren, also in fast gleichem Alter wie unser König
und Kaiser Wilhelm II., wurde Friedrich durch den Tod seines
Vaters auf den preußischen Thron berufen, den er als „König
Friedrich II." bestieg. Der preußische Staat umfaßte bei
seinem Regierungsantritt außer der Mark Brandenburg die
jetzige Provinz Pommern mit Ausnahme Neu-Vorpommerns,
das noch im Besitz der Schweden war, Ostpreußen, das durch
das damals noch polnische Westpreußen von den brandenbur=
gischen Landen getrennt war, das Erzstift Magdeburg, den
Saalekreis mit Halle, die Stifte Halberstadt und Quedlinburg,
das ehemalige Bistum Minden in Westfalen und die Graf=
schaften Ravensberg, Mark und Tecklenburg, in den Rhein=
landen Cleve, Geldern und Mörs, im ganzen ein Gebiet von
2275 Quadratmeilen[1] mit wenig mehr als 5 Millionen Ein=
wohnern.

Bei diesem geringen Umfang und der weithin gestreckten
Lage der zum Teil durch fremde Gebiete zerrissenen preußischen
Landesteile schien der preußische Staat nicht berufen, neben den
mächtigen europäischen Staaten Frankreich, England, Öster=
reich und Rußland eine bedeutende Stelle einzunehmen. Es
bleibt darum das unvergängliche Verdienst Friedrichs II., dem
Königreich Preußen eine angesehene Stellung im Rate der

Völker errungen zu haben. Aber ohne die gewissenhafte Fürsorge, die sein Vater, der vielverkannte König Friedrich Wilhelm I., auf die Mehrung der Wohlfahrt seines Landes und auf die Stärkung und Ausbildung seiner Wehrkraft in unermüdlicher Arbeit verwandt hatte, hätte Friedrich II. das niemals erreicht. Der Sparsamkeit Friedrich Wilhelms I. verdankte sein Nachfolger einen wohlgefüllten Staatsschatz von nahezu neun Millionen Talern, dazu kam ein wohlgeübtes Heer von mehr als 80 000 Mann.

Der Regierungsantritt des jungen Königs brachte allen denen eine große Enttäuschung, die geglaubt und gehofft hatten, daß der strengen Zucht und der weisen Sparsamkeit, auf die Friedrich Wilhelm I. an seinem Hofe und in allen Zweigen der Verwaltung so streng gehalten hatte, nun ein lustiges und ungezwungenes, dem Genusse und dem eitlen Vergnügen gewidmetes Treiben folgen werde. Ein junger Franzose, der sich bis dahin der besonderen Gunst Friedrichs zu erfreuen gehabt hatte, richtete gleich nach dessen Thronbesteigung an einen Freund in Paris die Aufforderung, bald nach Berlin zu kommen, wo man jetzt das lustigste Leben führen werde. Unvermerkt war Friedrich in das Zimmer getreten und hatte, dem Schreiber über die Schultern blickend, den Anfang des Briefes gelesen. Er ergriff das Papier und warf es dem jungen Franzosen mit den Worten vor die Füße: „Die Possen haben nun ein Ende."

Noch weniger begründet war die Erwartung, der junge König werde auf die Erhaltung einer starken Kriegsmacht und auf die Ausbildung eines kriegstüchtigen Heeres minderen Wert legen als sein Vater und Vorgänger auf dem Throne, den man wegen der Vorliebe für seine blauen Jungen und für seine langen Grenadiere wohl mit Recht den Soldatenkönig genannt hat. Zwar die berühmte Riesengarde Friedrich Wilhelms I. tat bei dessen Leichenfeier am 22. Juni 1740 ihren letzten Dienst. Bald nachdem die irdische Hülle des Königs in der Gruft unter der Kanzel der Hof= und Garnisonkirche zu Potsdam, die er schon bei seinen Lebzeiten zu seiner Ruhe= stätte bestimmt hatte, beigesetzt war, wurde dieses Leib=Grena= dier=Regiment aufgelöst. Hatte doch die Anwerbung der „langen Kerls" dem verstorbenen Könige jährlich etwa drei= malhunderttausend Taler gekostet und durch die vielfach ge= waltsame Art der Anwerbung gar manche Unannehmlichkeit bereitet. Die durch ihre Abschaffung ersparte Summe ver= wandte Friedrich zur Errichtung eines neuen, aus drei Ba= taillonen bestehenden Garde=Regiments z. F.[1] und zu noch anderweitiger Vermehrung des Heeres. In kürzester Frist[2] wurden 16 Bataillone neu errichtet. Mit großer Strenge aber trat Friedrich allen Gewalttätigkeiten entgegen, deren sich Offiziere und Soldaten unter seinem Vorgänger hin und wieder schuldig gemacht hatten. Schon am Tage nach seinem Regierungsantritt erklärte er den um ihn versammelten Ge= neralen, daß er ferner keinen Übermut dulden werde, den sich die Soldaten gegen Personen bürgerlichen Standes bisweilen herausgenommen hätten. Auch in der Sparsamkeit, auf die Friedrich Wilhelm I. sowohl in seiner Hofhaltung wie im

Staatshaushalt gedrungen hatte, sollte nach dem Willen des neuen Königs nichts geändert werden, wenn auch übertriebene Einschränkungen, die der Würde und dem Glanze der Krone nicht entsprachen, abgestellt wurden. Bei alledem ließ es aber doch der junge König nicht an einzelnen Anordnungen fehlen, in denen sich doch der Anbruch einer neuen Zeit ankündigte.

So wurde in der Rechtspflege bei gerichtlichen Untersuchungen die bis dahin noch übliche Folter abgeschafft und den Richtern Schnelligkeit und Unparteilichkeit in der Rechtsprechung zur Pflicht gemacht. Auf dem religiösen und kirchlichen Gebiete ist König Friedrich von dem Beginn seiner Regierung an[1] für die Duldung jeder religiösen Überzeugung und für die Glaubens- und Gewissensfreiheit seiner Untertanen eingetreten. Er hat damit nur die Grundsätze befolgt, von denen sich schon seine Vorfahren als brandenburgische Kurfürsten haben leiten lassen, und die sein weniger weitherziger Vater hin und wieder verleugnet hatte. Der berühmte Philosoph Wolf,[2] der auf Betreiben kirchlicher Eiferer unter seinem Vater seines Amtes entsetzt und aus Halle vertrieben worden war, wurde wieder berufen und kehrte als Vizekanzler an die Universität Halle zurück. Schon aus den ersten Regierungstagen Friedrichs stammt eine Kabinettsordre, die mit den Worten schließt: „Die Religionen müssen alle toleriert werden, und es muß nur darauf gesehen werden, daß keine der andern Abbruch tue, denn hier muß jeder nach seiner Façon selig werden."[3] Von dem Anspruch einer Kirche, die als die alleinseligmachende gelten will, hat Friedrich II. nichts wissen wollen. Auch der

Presse und den Zeitungen, die unter Friedrich Wilhelm einer strengen Zensur unterworfen gewesen waren, wurde eine größere Freiheit eingeräumt. Dem Minister, der in dieser Beziehung Bedenken erhob, erwiderte der König: „Gazetten (Zeitungen) müssen nicht geniert werden, wenn sie interessant sein sollen." In der Pflege von Künsten und Wissenschaften, für welche sein Vater kein Verständnis gehabt hatte, wurde früher Versäumtes[1] nachgeholt. Die von Friedrich I. gegründete, aber unter Friedrich Wilhelm I. völlig vernachlässigte Akademie der Wissenschaften wurde neu eingerichtet, und der König suchte berühmte Gelehrte aus allen Ländern nach Berlin zu ziehen.

Die ersten Wochen und Monate nach der Thronbesteigung unternahm Friedrich Reisen zur Entgegennahme der Huldigung in den Provinzen. Schon am 7. Juni, also noch vor der feierlichen Beisetzung des Vaters brach er nach Preußen[2] auf, um sich dort huldigen zu lassen. Von einer Krönung, wie sie[3] sein Großvater in Königsberg vollzogen hatte, nahm er Abstand. Die Reise dorthin wurde in der einfachsten Weise mit nur 3 Wagen zurückgelegt, und alle Empfangsfeierlichkeiten unterwegs und in Königsberg selbst wurden verboten. Unterwegs besichtigte der König Truppen, unterrichtete sich überall persönlich von der wirtschaftlichen Lage der Bevölkerung und von dem Stande der öffentlichen Angelegenheiten und spendete hier und da Gnadenbezeugungen. Bei der Huldigung selbst, die mit großer Feierlichkeit vor sich ging, vermied es der König, sich auf Zugeständnisse irgendwelcher Privilegien, welche die preußischen Stände[1] für sich in Anspruch zu nehmen versuchten, einzulassen. Sie mußten sich mit der Zusicherung begnügen, daß ihre und jedermanns Rechte aufrecht erhalten werden sollten. Nach der Rückkehr von Königsberg fand dann am 2. August in Berlin die Erbhuldigung statt, während sie in beinahe allen übrigen Städten an demselben Tage durch Bevollmächtigte vollzogen wurde. In Berlin wurde ebenso wie in Königsberg aller unnötige Aufwand vermieden. Nachdem in einem Saale des Schlosses die Ritterschaft den Huldigungseid geleistet, trat der König auf einen Balkon hinaus, um Huldigung und Eid der Bürger entgegenzunehmen. Das vor dem Schlosse versammelte Volk rief dreimal: „Es lebe der König," hierauf wurden Huldigungsmünzen von Gold und Silber unter die Menge hinabgeworfen. Darauf blieb im wesentlichen die ganze Feier beschränkt. Demnächst begab sich der König zur persönlichen Entgegennahme der Huldigung auch noch in den äußersten Westen seiner Lande, nach Cleve. An die Reise dorthin schloß sich ein Abstecher nach Bayreuth, zum Besuche seiner an den Markgrafen von Bayreuth vermählten Schwester Wilhelmine.

Von da nahm er den Weg durch Süddeutschland und machte im tiefsten Inkognito unter dem Namen eines Grafen Düfour heimlich einen Ausflug, bei dem es an manchen Abenteuern nicht fehlte. Der König selbst stellte sich den an der Grenze erforderlichen Paß aus und versah ihn vermittelst eines Petschafts, das er an seiner Uhrkette trug, mit dem königlichen Wappen. In Straßburg hielt er in dem „Gasthof zum Raben" Einkehr.

Der verkappte Fürst hatte ohne viele Umstände einige französische Offiziere zu sich geladen, mit denen er beim lustigen Gelage viel über militärische Dinge sprach. Als sie sich verabschiedeten, wurde mit ihnen verabredet, daß sie den fremden Grafen am andern Tage zu einer militärischen Übung abholen sollten, was dann auch geschah. Auch bei dieser Gelegenheit und bei einem Abendessen, zu welchem die französischen Offiziere den vermeintlichen fremden Grafen einluden, blieb der König noch unerkannt. Aber am nächstfolgenden Tage verbreitete sich durch einen französischen Soldaten, der vor etlichen Monaten aus Preußen desertiert war und der in dem fremden Grafen sofort den preußischen König erkannt hatte, die Nachricht, daß der in dem „Raben" logierende Fremde niemand anders als der junge König von Preußen sei. Nun war's mit dem Inkognito bald vorbei, und der König machte sich so bald als möglich aus dem Staube und reiste weiter rheinabwärts nach Wesel.

Im September traf Friedrich wieder in Berlin ein. Nun widmete er sich mit neuem Eifer den Geschäften der Regierung, auch um die kleinsten Dinge sich persönlich kümmernd, ohne darum auf den ungezwungenen Verkehr mit gleichgesinnten Freunden, wie er ihn in Rheinsberg gepflegt hatte, und auf die Beschäftigung mit Kunst und Literatur zu verzichten. Zur Erholung von den Anstrengungen, die der Regierungsantritt, die mehrfachen Reisen zu den Huldigungen, sowie häufige Fieberanfälle veranlaßt hatten, zog er sich im Oktober 1740 noch einmal in die Stille seines geliebten Rheinsberg zurück.

Der große Preußenkönig

In der Gemeinschaft und in dem Verkehr mit Freunden hat König Friedrich fortan sein ganzes Leben hindurch für das in seiner Ehe mit der nunmehrigen Königin Elisabeth Christine ihm versagt gebliebene Glück Ersatz gesucht. Friedrich hat sein ganzes Leben hindurch niemals das Gefühl überwinden können, daß ihm bei seiner Vermählung mit Elisabeth Christine Zwang angetan worden war, und daß er sich nur wider Willen dem Gebote seines Vaters gehorchend, zu dieser Ehe verstanden hatte. Doch war er von zu ehrenhafter Gesinnung, als daß er sich zu einer Scheidung der nun einmal geschlossenen Ehe hätte entschließen können. Bei aller inneren Entfremdung von seiner Gemahlin erfüllten ihn doch die trefflichen Eigenschaften ihres Herzens und die stille würdevolle Ergebung, mit der sie ihr Geschick trug, mit der größten Hochachtung, so daß er nicht daran denken mochte, sie durch eine förmliche Trennung der Ehe zu kränken. Wenn er sich auch nicht entschließen konnte, sein Leben mit ihr zu teilen, so sollte ihr doch alle Ehre zuteil werden, auf die sie als Königin Anspruch hatte. Er sorgte dafür, daß ihr in Berlin ein glänzender Hofhalt eingerichtet wurde, und für den Sommeraufenthalt wurde ihr das Schloß Schönhausen bei Berlin überwiesen. Elisabeth Christine aber hat bis an ihr Ende nicht aufgehört, ihrem Gemahl auch bei der äußeren Trennung und inneren Entfremdung mit unverändert treuer Liebe anzuhängen.

Seiner Mutter, der nun verwitweten Königin Sophie Dorothea, ist König Friedrich bis an deren Ende in kindlicher Verehrung ein treuer und dankbarer Sohn gewesen.

Drittes Kapitel

Friedrichs Kämpfe um Schlesien

König Friedrich weilte noch in Rheinsberg, als dort am 26. Oktober 1740 die Nachricht eintraf, daß am 20. d. M.[1] Kaiser Karl VI., der letzte männliche Sproß des Hauses Habsburg, gestorben war. Bei der Ankunft des Kuriers, der diese Botschaft brachte, lag Friedrich gerade an einem Fieberanfall danieder, und man mußte diesen erst vorübergehen lassen, bevor man dem Könige die Nachricht mitteilte. Bei der Lage, in welcher sich der österreichische Staat mit dem Tode des letzten Habsburgers befand, handelte es sich um ein Ereignis von europäischer Bedeutung. Es ist bezeichnend für die Willenskraft Friedrichs, daß diese Nachricht genügte, ihn seines Fieberanfalls vergessen zu lassen und sich zu tatkräftigem Entschlusse aufzuraffen. Der verstorbene Kaiser, der keinen männlichen Erben hinterließ, hatte durch die pragmatische Sanktion[2] seiner einzigen Tochter Maria Theresia die Erbfolge und den ungeschmälerten Besitz der österreichischen Lande zu sichern versucht. Schon am Morgen seines Todestages hatten Herolde, die durch die Stadt Wien ritten, Maria Theresia als souveräne Erzherzogin von Österreich und Königin von Ungarn und Böhmen ausgerufen. Aber das bayrische Haus erhob gleichfalls Erbansprüche auf die österreichischen Lande und wurde darin von andern europäischen Staaten, namentlich von Frankreich und Spanien unterstützt.

So sah sich Österreich von der Gefahr eines europäischen Krieges bedroht. Diese Lage beschloß Friedrich zu benutzen, um seinerseits die alten Ansprüche des brandenburgischen Hauses auf die schlesischen Herzogtümer Liegnitz, Brieg, Wohlau und Jägerndorf geltend zu machen. Diese Ansprüche beruhten auf einer Erbverbrüderung, die Kurfürst Joachim II. von Brandenburg im Jahre 1537 aus Anlaß der Vermählung seiner Tochter Barbara mit dem Sohne des Herzogs von Liegnitz, Brieg und Wohlau und seines ältesten Sohnes, des Kurprinzen Johann Georg mit der Tochter des Herzogs Friedrich abgeschlossen hatte. In dieser Erbverbrüderung war vereinbart worden, daß nach dem Erlöschen des herzoglichen Mannesstammes die gesamten Lande des Liegnitz'schen Hauses, also der größte Teil von Mittel- und Niederschlesien an den Kurfürsten von Brandenburg, im umgekehrten Falle aber alle diejenigen brandenburgische Lande, welche Lehen der Krone Böhmen waren, an die Herzöge von Liegnitz fallen sollten. Dieser Erbvertrag war zu einer Zeit geschlossen worden, als Böhmen noch als selbständiges Königreich bestand und die Krone Böhmens noch nicht an das österreichische Kaiserhaus gefallen war. Das Herzogtum Jägerndorf war vor dem dreißigjährigen Kriege[1] bereits im brandenburgischen Besitz gewesen und nur durch die Wechselfälle dieses Krieges dem Hause Brandenburg verloren gegangen. Den mit dem Herzog vom Liegnitz abgeschlossenen Vertrag hatte Kaiser Ferdinand unter dem Vorwande für ungültig erklärt, daß er ohne Genehmigung des Königs von Böhmen vereinbart sei. Herzog Friedrich dagegen konnte sich für die Gültigkeit des Vertrages darauf[1] berufen, daß seinen Vorfahren längst, bevor das österreichische Haus die Herrschaft über Böhmen und die Oberhoheit über Schlesien erlangte, von den früheren Königen das Recht zugestanden worden sei, ihre Städte, Land und Leute, wie bei Lebzeiten so auch durch das Testament und auf dem Totenbette nach eigenem besten Rate zu vergeben. Noch auf dem Sterbebette hatte infolgedessen Herzog Friedrich den Erbvertag für gültig erklärt.

Der darin vorgesehene Fall war im Jahre 1675 mit dem Tode des letzten Herzogs von Liegnitz eingetreten. Aber Österreich hatte sich ohne jede Rücksichtnahme auf den Erbvertrag mit Brandenburg in den Besitz der schlesischen Länder gesetzt. Der große Kurfürst war zu jener Zeit durch den Krieg gegen Schweden und durch andere Verwickelungen zu sehr in Anspruch genommen, um seine Ansprüche geltend machen zu können. Als er es unter günstigeren Zeitverhältnissen später doch tat, wurde er kurzerhand abgewiesen und ihn zu verstehen gegeben, das Haus Österreich werde[2] niemals geschehen lassen, daß ein protestantischer Fürst in seinen Erblanden festen Fuß fasse.

König Friedrich hielt nun die Zeit für gekommen, die Erbansprüche auf jene schlesischen Lande geltend zu machen. Kaum hatte er die Nachricht von dem Tode Kaiser Karls VI. erhalten, als in ihm der Entschluß fest stand, die mißliche Lage, in der sich Österreich befand, dafür auszunutzen.

Inzwischen aber hatten doch die Rüstungen und der Aufmarsch der Regimenter an die schlesische Grenze nicht verborgen bleiben können, und auch in Österreich war man aufmerksam geworden. Am 6. Dezember richtete Friedrich einen eigenhändigen Brief an Maria Theresia, in welchem er die Aufrichtigkeit seiner freundschaftlichen Gesinnungen beteuerte und seine Bereitwilligkeit aussprach, sie gegen ihre Gegner, die ihr das Erbe Österreichs streitig machen wollten, zu unterstützen. Die Bedingungen dieser Unterstützung werde[1] ihr der nach Wien entsandte Graf Gotter mündlich darlegen. Dieser hatte den Auftrag, die ganze und vollständige Abtretung des gesamten Schlesiens als Lohn für die Mühen und Gefahren, die Friedrich bei seiner Unterstützung auf sich nehmen wolle, zu fordern; im geheimen aber wurde er ermächtigt, diese Forderung nötigenfalls dahin zu mildern, daß der König auch bereit sei, sich mit weniger als der ganzen Provinz zu begnügen. Allein, die Anerbietungen Gotters wurden in Wien mit Hohn abgewiesen, und Friedrich zögerte nun nicht länger mit dem Einmarsch seiner Truppen in Schlesien. Der Gesandte Maria Theresias machte noch einen letzten Versuch zu Gegenvorstellungen; er warnte den König vor dem gewagten Unternehmen. Seine Truppen sagte er, seien zwar schön, aber sie hätten sich nicht schon, wie die österreichischen, vor dem Feinde bewährt, worauf Friedrich erwiderte: „Sie finden meine Truppen schön, ich gedenke zu zeigen, daß sie auch gut sind."

Kurz vor dem Aufbruch versammelte der König die in Berlin anwesenden Generale und Offiziere um sich, um ihnen sein Vorhaben mitzuteilen. „Ich unternehme einen Krieg," so hieß es in der Ansprache, die er an sie richtete, „in welchem ich keine Verbündeten habe, als Ihre Tapferkeit und Ihren guten Willen. Meine Sache ist gerecht; meine Hilfsquellen sind in uns selber, und der Ausgang hängt vom Glück ab. Seien Sie allezeit eingedenk des Ruhmes, den Ihre Vorfahren in den Gefilden[1] von Warschau, bei Fehrbellin und auf dem Zuge nach Preußen gewonnen haben. Ihr Schicksal ist in Ihrer Hand: Auszeichnungen und Belohnungen erwarten Ihre tapferen Taten, die sie verdienen sollen.... Wir werden Truppen die Stirne bieten, die unter dem Prinzen Eugen[2] im höchsten Ruhme standen. Obgleich Prinz Eugen von hinnen ist, so wird doch, indem wir uns mit tapferen Soldaten messen, der Ruhm, sie zu besiegen, um so größer sein. Leben Sie wohl, ziehen Sie hin. Ich folge Ihnen sogleich auf den Sammelplatz Ihres Ruhmes, der Ihrer wartet."

Nachdem der König noch am 12. Dezember einem der um diese Zeit üblichen Maskenbälle im Schlosse beigewohnt hatte, brach er am folgenden Tage vormittags zu seinem in der Umgegend von Crossen in der Stärke von 30 000 Mann versammelten Heere auf. Am 16. Dezember wurde die schlesische Grenze überschritten und noch am Abend desselben Tages war fast die ganze Armee auf schlesischem Boden. In allen Städten und Dörfern Schlesiens wurde eine gedruckte Bekanntmachung angeschlagen, in welcher der König den Bewohnern die Zusicherung gab, daß er keineswegs in der Absicht, die Königin von Ungarn zu verletzen, die Truppen einrücken lasse, sondern um zu verhindern, daß diejenigen, welche Ansprüche auf die österreichische Erbschaft erhöben, Schlesien, die Vormauer seiner Staaten, gewaltsam in Besitz nähmen. Niemand solle Feindseliges besorgen, vielmehr, wes Standes und welcher Religion er sei, bei seinen wohlhergebrachten Gerechtigkeiten, Freiheiten und Privilegien erhalten bleiben[1] und seines königlichen Schutzes sich erfreuen. Den Soldaten ward bei Strafe der Spießruten, den Offizieren bei infamer Kassation verboten, sich irgendwelche Gewalttätigkeiten herauszunehmen, oder irgend etwas ohne Kauf und bare Bezahlung wegzunehmen. Diese königliche Kundgebung machte überall unter der schlesischen Bevölkerung den besten Eindruck, zumal diese zum größten Teil protestantisch war und von dem Könige den Schutz erwartete, der ihr von der österreichischen Regierung so oft und so lange versagt worden war. Von einem bewaffneten Widerstande gegen das Vorrücken der preußischen Truppen konnte vorläufig ohnehin nicht die Rede sein, da Schlesien von österreichischen Truppen fast völlig entblößt war. Einschließlich der Besatzung der Festungen belief sich deren Zahl, vor dem Einmarsch Friedrichs auf nicht viel über 3000, und nur mit Mühe gelang es, sie durch herangezogene Abteilungen aus benachbarten Ländern auf 4000 zu erhöhen.

Auf Grund eines Vertrags hielt der König, von der Bevölkerung größtenteils freundlichst begrüßt, in Breslau seinen Einzug. Während seines kurzen Aufenthalts in Breslau wußte der König durch sein leutseliges Benehmen schnell alle Herzen zu gewinnen. Von Breslau setzte dann der König seinen Marsch über Ohlau nach Brieg fort und von da nach

Neiße, wo er zuerst, abgesehen von Glogau,[1] auf ernsteren Widerstand stieß. Vergeblich hoffte er die Festung durch ein Bombardement zur Übergabe zu zwingen. Da eine regelmäßige Belagerung zur Winterszeit ihre besonderen Schwierigkeiten hatte, so beschränkte sich Friedrich auch hier wie in Glogau darauf, die Festung einzuschließen. Außer der Grafschaft Glatz und den drei von seinen Truppen eingeschlossenen Festungen Glogau, Brieg und Neiße hatte Friedrich nun von ganz Schlesien Besitz ergriffen, und er gab sich bereits der Hoffnung hin, die dauernde Erwerbung auf friedlichem Wege durchsetzen zu können. In dieser Hoffnung kehrte er für einige Zeit nach Berlin zurück. Der Oberbefehl über Schlesien wurde dem General von Schwerin anvertraut.

Während Friedrichs Truppen in Schlesien Winterquartiere bezogen, wurden die Verhandlungen wegen Abtretung Schlesiens mit Maria Theresia unter Vermittlung Englands fortgesetzt. Jetzt beschränkte er seine Forderungen auf Niederschlesien und erklärte sich sogar zu einer Geldzahlung bereit. Aber im Vertrauen auf die Hilfe der auswärtigen Mächte, namentlich Englands und Rußlands, sowie des Königs August von Polen, lehnte Maria Theresia alle Zugeständnisse ab. So mußte sich der König zur Fortsetzung des Kampfes entschließen und es auf die Entscheidung der Waffen ankommen lassen. Schon Ende Februar 1741 kehrte er wieder nach Schlesien zurück. Seine erste Sorge war jetzt die Beendigung der Belagerung von Glogau, um die zur Einschließung der Festung erforderlichen Truppen zu weiteren Unternehmungen zur Ver=

Der große Preußenkönig

fügung zu bekommen. Der Erbprinz von Dessau erhielt den Befehl, „mit Glogau ein Ende zu machen," und wirklich gelang es diesem, sich am 9. März durch einen nächtlichen Sturm der Festung zu bemächtigen. In der Zeit von einer Stunde war sie in den Händen der Preußen. Friedrich konnte nun die Heeresabteilungen des Prinzen von Dessau an sich ziehen. Er gedachte alsbald auch zur Belagerung und Eroberung Neißes zu schreiten und setzte sich nach der Vereinigung mit dem Prinzen von Dessau dorthin in Marsch.

Inzwischen war aber auch von österreichischer Seite ein beträchtliches Heer aufgestellt worden und unter dem Oberbefehl des Feldmarschall Neipperg in Schlesien eingedrungen. Als Neipperg von Neiße aus, wo er dem Könige zuvorgekommen war, über Grotkau nach Brieg vorrückte, mußte dieser befürchten, von Niederschlesien abgeschnitten zu werden. Nur durch eine entscheidende Schlacht war diese Gefahr abzuwenden. Bei Mollwitz, unweit Brieg, stieß der König am 10. April auf den Feind. Es gelang ihm, Neipperg mit dem Angriff völlig zu überraschen. Ohne Ahnung, daß Friedrich mit seinem Heere schon in unmittelbarer Nähe war, hatte sich dieser gelassen zu Tische gesetzt. In der schönsten Ordnung, als wäre es auf dem Paradeplatz, rückten die Preußen mit fliegenden Fahnen und klingendem Spiele zum Angriff vor. Aber obwohl die österreichische Aufstellung beim Beginn des Kampfes noch nicht vollendet war, so zeigte sich doch deren Reiterei der preußischen so sehr überlegen, daß ein Dragoner-Regiment über den Haufen geworfen wurde und in seiner Flucht die nächsten Infanterie-

Regimenter in Verwirrung brachte. Der König selbst geriet in die größte Gefahr, und es bedurfte der dringendsten Bitten des Generals Schwerin, ihn zu bestimmen, das Schlachtfeld zu verlassen und seine Person in Sicherheit zu bringen. Als er das Schlachtfeld von Mollwitz auf das bringende Zureden Schwerins und des Erbprinzen von Dessau verlassen hatte, hielt er die Schlacht für verloren. Seine tapferen Preußen hatten aber in seiner Abwesenheit einen glänzenden Sieg über Neippergs Heer errungen, der besonders der unerschütterlichen Tapferkeit der Infanterie zu verdanken war. Der Rückzug der Österreicher war zuletzt in wilde Flucht ausgeartet. Sofort begann Friedrich mit Eifer, sein Heer durch Vermehrung und bessere Ausbildung seiner Reiterei zu verstärken. Schon Ende Juli 1741 konnte er die fremden Gesandten zu einer Musterung von 62 gut berittenen und wohlgeübten neuen Schwadronen einladen.

Dem Siege von Mollwitz folgte sehr bald die Einnahme von Brieg. Auch sah sich der König jetzt veranlaßt, von der Stadt Breslau vollständigen Besitz zu ergreifen. Einige Monate später, am 7. Nov. 1741, ließ sich dann der König im Fürstensaale des Rathauses von der Stadt Breslau und den niederschlesischen Ständen feierlich huldigen.

Nach dem Siege von Mollwitz, der die Bewunderung ganz Europas erregte, hoffte Friedrich, daß sich Österreich jetzt zu einer friedlichen Verständigung bereit finden lassen werde. Um sie zu beschleunigen, erklärte er sich sogar bereit, sich nur mit einem Teile Schlesiens begnügen zu wollen. Aber mit hochmütigem Trotze wurden in Wien wieder alle Vermittlungsvorschläge zurückgewiesen. Dadurch war Friedrich zur Fortsetzung des ihm aufgedrungenen Kampfes genötigt. Er sah sich deshalb nach Bundesgenossen um. Von Frankreich, das die Ansprüche Bayerns auf die österreichische Erbschaft unterstützte, war ihm schon wiederholt ein Bündnis angetragen worden. Aber Friedrich hatte diese Anträge bis dahin zurückgewiesen, weil es ihm widerstrebte, sich mit dem Erbfeind Deutschlands in ein Bündnis einzulassen. Nun wurde er durch die Hartnäckigkeit, mit der Österreich jede auch nur teilweise Abtretung Schlesiens verweigerte, gezwungen, die bisherigen Bedenken fallen zu lassen. Trotzdem hörte er nicht auf, seine Bemühungen um die Herbeiführung eines ehrenvollen Friedens in Wien fortzusetzen. Schließlich mußte doch das Schwert von neuem entscheiden. Noch einmal kam es am 17. Mai 1742 bei Chotusitz unweit Czaslau in Böhmen zu einer Schlacht, in welcher Friedrich wiederum einen vollständigen Sieg davontrug. Nun bestand er in den von neuem aufgenommenen Friedensverhandlungen auf der Abtretung ganz Schlesiens einschließlich der Grafschaft Glatz. Nur auf Jägerndorf leistete er Verzicht, um das Zustandekommen des Friedens zu erleichtern. Mit schwerem Herzen fügte sich Maria Theresia in dem am 11. Juni 1742 zu Breslau abgeschlossenen Frieden den von Friedrich gestellten Bedingungen.[1] Der brandenburgisch-preußische Staat erhielt durch diesen Friedensvertrag einen Zuwachs von 650 Quadratmeilen mit 1 200 000 Einwohnern. Friedrich verpflichtete sich, die katholische Religion in ihrem bisherigen Zustande zu erhalten, indem er zugleich für die Evangelischen auch in den überwiegend katholischen Gebieten des Landes volle Glaubens- und Gewissensfreiheit zur Bedingung machte. Maria Theresia aber rief, als sie in die Abtretung Schlesiens willigte, unter Tränen aus: „Ich verliere den schönsten Edelstein aus meiner Krone!"

Um so weniger konnte sich König Friedrich einer Täuschung darüber hingeben, daß Maria Theresia den Verlust dieses Landes nicht so bald verschmerzen, und daß sie die erste sich darbietende Gelegenheit wahrnehmen würde, ihm den Besitz Schlesiens wieder streitig zu machen. Der Friede war daher kaum abgeschlossen, als er darauf Bedacht nahm, die schlesischen Festungen in einen guten Verteidigungszustand zu setzen. Gleichzeitig wurde das Heer um 18 000 Mann vermehrt und die Ausbildung der alten und neuen Truppen mit allem Eifer betrieben.

Ein von Maria Theresia mit Sachsen geschlossener Vertrag war augenscheinlich gegen Preußen gerichtet und auf die Wiedererwerbung Schlesiens berechnet. Sobald König Friedrich die Gewißheit erlangt hatte, daß Österreich einen neuen Angriff gegen ihn plante, beschloß er, zuvorzukommen. Mit Frankreich wurde ein neues Bündnis abgeschlossen, nach welchem ein französisches Heer nach Belgien, ein zweites nach Westfalen und Hannover vorrücken sollte, wogegen Friedrich sich verpflichtete, mit 80 000 Mann in Böhmen einzufallen. Im August 1744 ließ er durch seinen Gesandten in Wien erklären, daß er für den Schutz des Kaisers die Waffen ergreife. Er könne als Kurfürst des Reiches nicht gleichgültig mit ansehen, daß der Wiener Hof die kaiserliche Würde unterdrücke, dem rechtmäßig erwählten Kaiser die Anerkennung versage und die Verfassung des Reiches verletze. Gleichzeitig mit dieser Erklärung ließ er seine Truppen durch Sachsen in Böhmen einrücken. Unbehindert rückte er bis nach Prag vor, das sich nach kurzer Belagerung, die Friedrich persönlich leitete und bei der er fortwährend selbst sich den drohendsten Gefahren aussetzte, am 16. Sept. ergeben mußte.

Bald aber wurde die Lage des Königs in Böhmen eine äußerst mißliche. Von den französischen Verbündeten wurde er vollständig im Stiche gelassen; und auch der Kaiser Karl VII., für den er eingetreten war, ließ ihn ohne jede Unterstützung. Er selbst war dazu noch so unvorsichtig gewesen, statt seine Truppen in Prag und Umgegend zusammenzuhalten, sie in einzelnen Abteilungen weithin in die östlichen und südlichen Gegenden von Böhmen vordringen zu lassen. Den Österreichern dagegen gelang es, in Böhmen eine zahlreiche Armee gegen Friedrich ins Feld zu stellen, und von Sachsen sah er sich im Rücken bedroht. So war Friedrich genötigt, da die Österreicher selbst nach ihrer Vereinigung mit den sächsischen Truppen jeder offenen Schlacht auswichen, sich aus Böhmen nach Schlesien zurückzuziehen. Durch Kämpfe gegen österreichische Reiterei, die seine Truppen fortwährend umschwärmten, durch Krankheiten und durch Fahnenflucht war das Heer, mit dem er so zuversichtlich in Böhmen eingerückt war, fast um die Hälfte zusammengeschmolzen. Inzwischen war mit Hilfe

Ungarns, das sich mit neuer Opferwilligkeit um seine Königin scharte, die Grafschaft Glatz und Oberschlesien bis an die Neiße in die Hände der Österreicher gefallen, und Friedrich sah sich von dem Verluste seiner neuen Provinz bedroht.

Noch gefahrvoller wurde seine Lage, als Karl VII., für den er zu den Waffen gegriffen hatte, am 20. Jan. 1745 eines unerwarteten Todes[1] starb. Mit dessen jugendlichem Nachfolger, dem Kurfürsten Maximilian Joseph, schloß Maria Theresia den Frieden zu Füssen, in welchem dieser für den Preis der Wiedereinsetzung in sein fast verlorenes Kurfürstentum auf jede Bewerbung um die Kaiserkrone und auf jede Feindseligkeit gegen Österreich verzichtete. Dadurch bekam Österreich freie Hand, alle seine Kräfte gegen Preußen aufzubieten. In kühner und zuversichtlicher Hoffnung träumte Maria Theresia nicht bloß von der Zurückeroberung Schlesiens, sondern ihre Pläne gingen viel weiter. Sie waren auf eine völlige Vernichtung und Zerstückelung Preußens gerichtet. Sachsen sollte für seine Bundesgenossenschaft mit der preußischen Lausitz, mit Crossen, Züllichau und dem Kreise Schwiebus belohnt werden. Mit der Kaiserin Elisabeth von Rußland wurden Verhandlungen über ein Bündnis gepflogen, dessen Preis Ostpreußen sein sollte; ja selbst das Herzogtum Magdeburg und die Cleveschen Besitzungen Preußens am Rhein hoffte man Preußen abnehmen zu können. Das Königreich Preußen sollte wieder zum Markgrafentum Brandenburg erniedrigt werden. Aber es ist auch hier wieder wahr geworden: „Beschließet einen Rat, und es werde nichts daraus."[2]

Der große Preußenkönig

Trotz seiner bedrängten Lage verlor Friedrich den Mut nicht. Er benutzte die Wintermonate, die er wieder in Berlin zubrachte, um sich und sein Heer auf neuen Kampf vorzubereiten. In Schlesien hatte er den alten Dessauer[1] zurückgelassen, dem es gelang, die in Oberschlesien eingedrungenen Österreicher wieder über die Grenze zurückzujagen. Schon im März 1745 brach der König selbst wieder dorthin auf, um alle Anordnungen für den neuen Feldzug selbst zu leiten. In Neiße und später in dem Kloster Kamenz zwischen Neiße und Frankenstein nahm er sein Hauptquartier, um von dort aus die Bewegungen der verbündeten Österreicher und Sachsen, die auf einen neuen Einfall in Schlesien schließen ließen, zu beobachten und um abzuwarten, an welchem Punkte die österreichisch-sächsische Macht den Einfall versuchen würde. Nur mit Mühe entging Friedrich in Kamenz der Gefahr der Gefangennahme. In der Gegend herumstreifende Kroaten hatten von seinem Aufenthalte im Kloster Kunde erhalten und gedachten durch einen heimlichen Überfall sich seiner zu bemächtigen. Zur rechten Zeit bemerkte der dem Könige wohlgesinnte Abt des Klosters die Gefahr. Er überredete den König, sich als Mönch zu verkleiden und rief dann durch die Abendglocke die Mönche zum Gebet zusammen. Mit ihnen begab sich der König unerkannt in die Kirche. Die Kroaten durchsuchten vergeblich das ganze Kloster und kamen dann auch in die Kirche. Sie scheuten sich aber doch, die Mönche im Gottesdienste zu stören, und zogen unverrichteter Sache[2] wieder ab.

Obwohl Friedrich bei seiner religiösen Stellung mehr auf

die eigene Kraft als auf die Hilfe Gottes vertraute, so kommt doch in dieser Zeit drohender Gefahren, die er durchleben mußte hin und wieder auch der Glaube an einen lebendigen und allmächtigen Gott zum Durchbruch. So ermahnt er den alten Dessauer, der durch den Verlust seiner Gemahlin tief gebeugt war, „sich der göttlichen Führung mit Gelassenheit zu unterwerfen und sich in dasjenige, was der allerhöchste Wille getan hat, mit Vernunft zu finden."

Um die Feinde sicher zu machen, ließ Friedrich sie in dem Glauben, daß er darauf bedacht sei, sich den Rückzug aus Schlesien zu sichern, und daß sie ihn, in Schlesien eingedrungen, würden vor sich hertreiben können. Absichtlich unterließ er darum jede Verteidigung der aus Mähren und Böhmen über die Gebirge führenden Pässe. Dagegen vereinigte er sein ganzes Heer im Laufe des Monats Mai in der Umgegend von Frankenberg. Auch eine Heeresabteilung, die unter dem Markgrafen Karl in Jägerndorf zum Schutze Oberschlesiens stand, wurde herangezogen. Der Husarengeneral Zieten erhielt den Auftrag, den erforderlichen Befehl dorthin zu bringen. Das war keine leichte Aufgabe; denn er mußte sich mit nur 500 Husaren mitten durch die in jener Gegend herumschwärmenden Panduren hindurchschlagen. Die Tapferkeit, mit der er diese Aufgabe löste, zählt zu den größten Heldentaten des berühmten Reitergenerals.

Bald nachdem Friedrich sein Heer vereinigt hatte, erhielt er die gewisse Kunde, daß die österreichisch-sächsische Armee über

Landeshut nach Schlesien im Anmarsch sei. Auf diese Nachricht verlegte er sein Feldlager nach Jauernigk, an den Fuß des Gebirges, über welches die Österreicher nach Schlesien herabstiegen. Am 3. Juni 1745 zogen sie mit fliegenden Fahnen und klingendem Spiel von den Anhöhen bei Hohenfriedberg herab und schlugen in der Nähe von Striegau ihr Lager auf, in der Absicht, am andern Tage Striegau zu nehmen. Von einem Hügel jenseits Striegau aus beobachtete Friedrich mit wenigen Begleitern den Anmarsch des Feindes. „Jetzt sind sie, wo wir sie haben wollen," rief er vom Pferde steigend, und noch in den Abendstunden ließ er seine Truppen, von Hügeln gedeckt, die zwischen den Stellungen des Feindes und der seinigen lagen, in dessen unmittelbare Nähe heranrücken. Die Maus war in die offengelassene Falle gegangen. Am 4. Juni morgens um 4 Uhr wurde mit einem Angriff auf die Stellung der Sachsen die Schlacht bei Hohenfriedberg eingeleitet, die zu den ruhmvollsten Waffentaten König Friedrichs gehört. Eine von den Sachsen besetzte Anhöhe wurde im Sturm genommen und mit preußischen Kanonen besetzt. Auf allen Punkten mußten die Sachsen zurückweichen, und bald artete ihr Rückzug in wilde Flucht aus. Der österreichische Oberbefehlshaber, Erzherzog Karl, wurde erst durch den Kanonendonner auf dem sächsischen Flügel aus dem Schlafe aufgeschreckt. Die Niederlage der Sachsen war beinahe schon vollendet, als die österreichischen Truppen in den Kampf eingriffen. Trotz des heftigen Widerstandes, den sie leisteten, und trotz der großen Verluste, die einige preußische Regimenter erlitten, wurde auch gegen den österreichischen Flügel in wenigen Stunden ein glänzender Sieg errungen.

Schon um 8 Uhr morgens war die um 4 Uhr begonnene Schlacht für die Preußen gewonnen; freilich nicht ohne schwere Verluste; denn 5000 Tote und Verwundete bedeckten das Schlachtfeld, auf österreichischer Seite betrug deren Zahl über 9000. 7000 Österreicher aber wurden zu Gefangenen gemacht. Nur der Ermüdung der preußischen Truppen infolge des nächtlichen Marsches, der den Stunden der Schlacht unmittelbar vorangegangen war, hatte es das vollständig geschlagene österreichisch-sächsische Heer zu danken, daß es zunächst unbehindert seinen Rückzug nach Böhmen bewirken konnte. Tiefbewegt dankte der König seinen Truppen für ihre tapfere Haltung, aber er vermochte sich auch nicht der Erkenntnis zu verschließen, daß er diesen herrlichen Sieg dem Lenker der Schlachten zu verdanken hatte. „Gott hat meine Feinde verblendet und mich wunderbar geschützt," sagte er. An seine Mutter, die verwitwete Königin, schrieb er: „Eine so entscheidende Niederlage ist seit der Schlacht bei Höchstedt[1] nicht dagewesen." In Breslau aber wurde die Siegesbotschaft noch an demselben Abend von 16 Postillonen, die blasend durch die Straßen ritten, verkündet. Vor allem begrüßte die evangelische Bevölkerung Schlesiens den Sieg von Hohenfriedberg mit lautem Jubel, denn sie sah sich durch ihn von der bangen Sorge befreit, unter dem Joche der österreichischen Herrschaft der kaum gewonnenen Glaubens- und Gewissensfreiheit wieder verlustig zu gehen.

Der große Preußenkönig

Während der Schlacht hatten die Einwohner, so weit man den Kanonendonner in den evangelischen Ortschaften hörte, in Scharen auf den Knien gelegen, um den Sieg für die Preußen von Gott zu erflehen.

Kaum hatte Friedrich diesen glänzenden Sieg erfochten, als er auch sogleich wieder die Hand zum Frieden bot. Aber auch jetzt wurde sie von Österreich mit hartnäckigem Trotz zurückgewiesen. Noch immer wollte Maria Theresia die Hoffnung auf die Demütigung des verhaßten Gegners nicht aufgeben. So mußte denn Friedrich zur weiteren Verfolgung des geschlagenen Feindes schreiten, der bei dem ein Jahrhundert später so berühmt gewordenen Orte Königgrätz[1] bereits eine gesicherte Stellung erreicht hatte. Friedrich zog dem Feinde über das Riesengebirge nach und schlug unweit Königgrätz bei dem durch die Schlacht dieses Namens ebenfalls berühmt gewordenen Dorfe Chlum sein Lager auf, ohne an weitere Eroberungen in Böhmen zu denken. Er begnügte sich, das ihm gegenüberliegende österreichische Heer mit wachsamem Auge zu beobachten. Nachdem dieses weitere Verstärkungen erhalten hatte, versuchte der österreichische Oberbefehlshaber, Erzherzog Karl, auf Drängen der Königin Maria Theresia dem preußischen Heere den Rückzug nach Schlesien abzuschneiden. In aller Stille brach er von Königgrätz auf und nahm, durch Wälder und Hügel verdeckt, bei Soor eine Stellung ein, die Friedrichs Heer[2] den bereits angetretenen Rückzug nach Schlesien verlegen sollte. Kaum hatte Friedrich des Feindes Absicht erkannt, als er ihm mit einem kühnen Angriff zuvorzukommen beschloß. Auf denselben Fluren, auf denen 121 Jahre später die preußischen Garden einen glänzenden Sieg erfochten haben, kam es bei Soor zu einer blutigen Schlacht, in der Friedrich einen neuen vollständigen Sieg errang. Nach diesem zweiten Siege hoffte Friedrich mit Bestimmtheit auf die Herstellung des Friedens, und auch England bemühte sich, ihn zu vermitteln. Aber auch jetzt noch scheiterten diese Bemühungen an dem hartnäckigen Widerstand in Wien. Österreich verbündete sich im Gegenteil noch fester mit Sachsen.

Die von den Österreichern und Sachsen für ihren geplanten Einfall in der Lausitz angelegten Magazine kamen nun dem Könige für die Verpflegung seiner Truppen trefflich zustatten. „Ich hoffe," schrieb Friedrich nach diesem neuen Erfolge an seinen Minister, „Ihr werdet mit mir zufrieden sein. Ich habe mein Vaterland vor dem entsetzlichen Unglück sicher gestellt, von dem es bedroht war, und diese ganze Unternehmung hat mir nicht mehr als 30 Tote und 60 Verwundete gekostet. Gelobt sei Gott, Unsere Feinde sind geschlagen, ehe ich sie habe erreichen können. Vor Gott und meinem Lande habe ich mir keinen Vorwurf zu machen." Friedrich rückte nun in der sächsischen Oberlausitz vor; zugleich aber suchte er mit Sachsen zu friedlicher Verständigung zu gelangen und den Kurfürsten, der zugleich König von Polen war, zum Rücktritt von dem österreichischen Bündnis zu bestimmen. Aber der sächsiche Minister, Graf Brühl,[1] bestärkte die polnische Majestät in ihrer Halsstarrigkeit. Um so mehr drängte Friedrich den alten Fürsten von Dessau zu eiligem Vorgehen gegen Sachsen. Die Unternehmungen und der Vormarsch desselben gingen ihm viel zu langsam. Er wußte, daß der Erzherzog Karl nach der bei Katholisch-Hennersdorf erlittenen Schlappe sich anschickte, aus Böhmen nach Sachsen vorzudringen. Endlich riß dem König die Geduld, und er tat ihm in sehr deutlichen Worten seine Unzufriedenheit kund.

Nun brannte der Fürst vor Begierde, seinen alten Kriegsruhm noch einmal aufzufrischen. Das sächsische Heer hatte auf der Straße zwischen Meißen und Dresden bei Kesselsdorf eine feste Stellung inne. Es kam alles darauf an, sie aus dieser zu verdrängen, dadurch dem preußischen Heere den Weg nach Dresden frei zu machen, um dann in der sächsischen Hauptstadt den Frieden mit Sachsen zu erzwingen. Am 15. Dez. nachmittags 2 Uhr schritt der „alte Dessauer" in vier Kolonnen zum Angriff auf Kesselsdorf. Wie es stets sein Brauch war, nahm er, ehe er in den Kampf ging, andächtig seinen Hut zum Gebet ab. Und ohne Zweifel hat er auch diesmal mit voller Inbrunst Gott um seine Hilfe angerufen! Aber es mag dahingestellt bleiben, ob er die ihm in den Mund gelegten Gebetsworte: „Lieber Gott, stehe mir heute gnädig bei, oder willst du mir diesmal nicht beistehen, so hilf auch wenigstens dem Schurken von Feind nicht, sondern bleibe neutral und siehe zu, wie es kommt," wirklich gesprochen hat. Gewiß aber ist, daß er mit dem Rufe: „Im Namen Jesu,[1] marsch!" seinen Grenadieren den Befehl zum Angriff gegeben hat. Trotz des kurzen Wintertages war vor Anbruch der Dunkelheit Kesselsdorf genommen. Die Sachsen mußten die Stellung räumen; ihr Heer löste sich in wilder Flucht auf. Zwei Tage darauf traf Friedrich auf dem Schlachtfelde ein, und als ob er die früheren Vorwürfe hätte gutmachen wollen, umarmte er mit entblößtem Haupte den alten Kriegshelden, von dem er sich dann auf dem Schlachtfeld umherführen ließ.

Schon am 18. Dez. hielt Friedrich mit dem alten Dessauer an der Seite seinen siegreichen Einzug in Dresden. Erzherzog Karl, der kurz vor der Schlacht bei Kesselsdorf bis nach Dresden vorgedrungen war, hatte die Stadt auf die Kunde der Niederlage der Sachsen schleunigst verlassen und seine Truppen über das Erzgebirge nach Böhmen zurückgeführt. Wie Sachsen und die polnische Majestät, so erkannte nun auch Maria Theresia die Nutzlosigkeit eines längeren Widerstandes. Die schönen, auf die Verkleinerung und Zerstückelung Preußens gerichteten Pläne waren gründlich vereitelt. Friedrich selbst aber, dem am Frieden viel mehr gelegen war, als an neuem Kriegsruhm, war unter den maßvollsten Bedingungen zum Frieden geneigt. Er verzichtete auf jede Abtretung sächsischen Gebietes, obwohl das Land ganz in seiner Hand lag; er forderte nur die erneuerte Bestätigung der dauernden Abtretung Schlesiens. Auf diese Bedingungen hin wurde am 25. Dez. zu Dresden der Friede zwischen Friedrich und Österreich und Sachsen abgeschlossen.

In herrlicher Weise fand damit das[1] weihnachtliche „Friede

Der große Preußenkönig

auf Erden" wenigstens für eine Zeit lang seine Erfüllung. Nach dem Abschluß des Friedens trat der König die Rückreise nach Berlin an, wo er am 28. Dez. unter dem lauten Jubel der Bevölkerung seinen Einzug hielt. Ganz Berlin war auf den Beinen,[1] um seinen König zu erwarten. Zum ersten Male tönte ihm aus der begeisterten Menge der Zuruf entgegen: „Vivat Friedrich der Große!" ein Beiname, der ihm dann von der Geschichte als Ehrenname dauernd bestätigt worden ist.

Dem zweiten so ruhmvoll beendeten schlesischen Kriege folgten nahezu elf Jahre ungestörten Friedens. Wir werden später sehen, wie König Friedrich diese in rastloser Arbeit zur Mehrung des Wohlstandes seiner Lande ausgenutzt hat.

Allein die Hoffnung Friedrichs, daß er sich nun bis an sein Lebensende eines dauernden Friedens zu erfreuen haben würde, um seine ganze Kraft dem Wohle seiner Untertanen widmen zu können, erfüllte sich nicht. „Ich werde nie wieder zu den Waffen greifen als zu meiner Verteidigung." Mit diesem Entschlusse und mit dieser Erklärung war Friedrich aus dem zweiten schlesischen Kriege heimgekehrt. Aber früher, als er es ahnen konnte, wurde er gezwungen, zu seiner Verteidigung abermals zu den Waffen zu greifen. Friedrich hatte die ihm beschiedenen Friedensjahre zur Vermehrung und besseren Ausbildung seines Heeres benutzt und die Zahl seiner Truppen auf 133 000 Mann erhöht. Maria Theresia war trotz der zweimaligen feierlichen, durch Verträge besiegelten Verzichtleistung auf Schlesien weit entfernt, die Hoffnung auf die Wieder=

eroberung dieser Provinz aufzugeben. Sie sah vielmehr den Dresdener Frieden von vornherein nur als einen Waffenstillstand an. Der von Österreich mit Sachsen über die Teilung Preußens abgeschlossene Vertrag wurde auch nach dem Dresdener Frieden von beiden Staaten stillschweigend als fortbestehend angesehen. Man wollte nur eine günstigere Zeit für dessen Wiederaufnahme abwarten. Durch einen sächsischen Geheimsekretär, der durch Bestechungen gewonnen worden war, hatte Friedrich erfahren, daß Österreich und Sachsen nicht bloß den früheren Vertrag zur Teilung Preußens erneuert hatten, sondern daß Österreich schon im Jahre 1746 mit Rußland ein Bündnis geschlossen hatte, durch welches auch dies Land dem Vertrage beitrat. Aber damit nicht genug, hatte Österreich, um an Friedrich Rache zu nehmen, sich auch mit Frankreich, dem bis dahin entschiedensten Gegner der Habsburgischen Macht, ins Einvernehmen gesetzt. König Ludwig XV. weigerte sich zwar, angriffsweise[1] gegen Preußen vorzugehen. Aber der österreichische Minister, Graf Kaunitz, setzte doch den Abschluß eines Schutzbündnisses zwischen Österreich und Frankreich durch, in welchem beide Staaten sich für den Fall eines Angriffs gegenseitige Hilfe zusicherten. Er hatte dabei die Hoffnung, wenn erst der Kampf gegen Friedrich begonnen wäre, auch Frankreich in ihn zu verwickeln und zu einem noch engeren Bündnis zu nötigen. Auch Schweden wurde durch die Aussicht auf den Besitz von Pommern zur Teilnahme an dem gegen Friedrich geplanten Beutezug bestimmt.

Somit war fast ganz Europa gegen Friedrich verbündet.

Nahezu die ganze preußische Monarchie sollte an die benachbarten Länder verteilt werden. Österreich sollte Schlesien mit Glatz zurückerhalten, Magdeburg und die dazu gehörigen Gebiete an Sachsen, Pommern an Schweden fallen. Von allen diesen Verabredungen erhielt Friedrich Kenntnis, noch bevor die in Rußland und Österreich eifrigst betriebenen Rüstungen es ihm unzweifelhaft erscheinen ließen, daß etwas gegen ihn im Werke sei. Er ließ wiederholt nach Wien Anfragen ergehen, gegen wen die Rüstungen gerichtet seien. Er erhielt darauf zuerst eine hochmütig abweisende und demnächst eine nichtssagende, ausweichende Antwort. Dagegen brachte er mit Gewißheit in Erfahrung, daß die gegen ihn verbündeten Mächte im Frühjahr 1757 zum Angriff auf seine Lande schreiten wollten, daß gleichzeitig ein russisches Heer in Ostpreußen, ein österreichisches in Schlesien, ein sächsisches in Brandenburg einfallen sollte. Wieder beschloß Friedrich, ohne den Angriff abzuwarten, den Feinden zuvorzukommen. Vor allem kam es ihm darauf an, sich Sachsens zu bemächtigen, um beim weiteren Vorrücken gegen Österreich im Rücken gedeckt zu sein.

Auf drei verschiedenen Wegen ließ er von Halle, von Torgau und von der Lausitz aus ein wohlgerüstetes Heer in der Stärke von 65 000 Mann im August 1756 die sächsische Grenze überschreiten. Auf die Nachricht von dem Anrücken der preußischen Heeresabteilungen hatte die sächsische Armee bei Pirna[1] ein befestigtes Lager bezogen. Mit der Hälfte seines Heeres ließ Friedrich das Lager umschließen, um den sächsischen Trup=

pen jede Zufuhr abzuschneiden und sie durch Aushungern zur Übergabe zu zwingen. Der andere Teil des Heeres hatte die Aufgabe, einen etwa den Sachsen zu Hilfe kommenden österreichischen Heere den Weg zu verlegen. Ein solches war unter dem Oberbefehl des österreichischen Generals Brown auch wirklich im Anmarsch. Friedrich selbst eilte nach Böhmen, um persönlich die Führung der unter dem Befehle des Feldmarschalls Keith[1] stehenden Truppen zu übernehmen. Am 1. Okt. 1756 entwickelte sich aus einem Aufklärungsgefechte, durch welches sich Friedrich von der Stellung des Feindes überzeugen wollte, die heiße und blutige Schlacht bei Lowositz, in welcher Friedrich zwar über 3300 Mann verlor, aber auch einen bedeutungsvollen Sieg davontrug. Der in Pirna umschlossenen sächsischen Armee war damit jede Aussicht abgeschnitten, durch österreichische Hilfe aus ihrer bedrängten Lage befreit zu werden. Es blieb ihr nichts übrig, als sich kriegsgefangen zu geben. Am 16. Okt. 1756 mußten sämtliche Soldaten ihre Gewehre ausliefern und dem Könige von Preußen Treue schwören. Die aus ihnen gebildeten Regimenter haben sich aber im weiteren Verlaufe des Krieges als durchaus unzuverlässig erwiesen. Die Offiziere wurden entlassen, nachdem sie ihr Ehrenwort gegeben hatten, in diesem Kriege nicht mehr gegen Preußen zu kämpfen. Die polnische Majestät durfte unbehelligt nach Warschau reisen, wo sich dieselbe in glänzenden Festen von den Beschwerden des Feldzuges zu erholen suchte. Friedrich aber nahm während des Winters seinen Aufenthalt in Dresden, während seine Truppen in Sachsen und Schlesien

Winterquartiere bezogen. Wegen seines Einfalles in Sachsen wurde nun Friedrich von ganz Europa als Friedensstörer verurteilt und die wider ihn verbündeten Mächte hielten sich nun erst recht für befugt zu dem vorher schon beschlossenen Vernichtungskampfe. Der inzwischen zum Kaiser gewählte Gemahl Maria Theresias, Kaiser Franz, setzte durch, daß von deutschen Reichsfürsten über den Kurfürsten von Brandenburg[1] die Acht verhängt und eine „eilende Reichsexekutionsarmee"[2] wider ihn aufgeboten wurde. Durch einen Druckfehler in der öffentlichen Kundmachung dieses Aufgebots war aus der „eilenden" eine „elende" Armee gemacht worden, und in der Tat hat sie sich als eine solche erwiesen. Das Deutsche Reich war schon lange zu einem leeren Schattenbilde herabgesunken, und der Spott über die Langsamkeit und Unbeholfenheit der wider Friedrich aufgebotenen Reichsarmee hat sich schon damals in den Worten des Dichters Luft gemacht:

> „Und klopft der große Friederich
> Nur einmal auf die Hosen,
> Dann flieht die ganze Reichsarmee,
> Panduren und Franzosen."

Bei dem Wiederbeginn des Feldzuges im Frühjahr 1757 nahm Friedrich vor allem darauf Bedacht, der Vereinigung der wider ihn aufgebotenen Streitkräfte zuvorzukommen. Auch jetzt, wo eine ganze Welt in Waffen wider ihn stand, verlor er den Mut nicht. „Ich sehe mit kaltem Blute," schrieb er, „all das Außerordentliche herbeikommen, aber weit entfernt, mich zu entmutigen, ist es mir nur ein neuer Sporn, das Unmög=

liche möglich zu machen." An Kriegsbereitschaft war er seinen Feinden trotz ihrer Überzahl noch immer überlegen. Vor dem neuen Beginn der Feindseligkeiten hatte er seine Armee noch um 40 000 Mann vermehrt. Mit einer glänzenden Waffentat eröffnete er den neuen Feldzug. Am 6. Mai 1757 wurde in der Schlacht vor Prag das dort wider ihn aufgestellte österreichische Heer geschlagen. Freilich mußte dieser erste Sieg mit einem Verluste von 16 000 Mann an Toten und Verwundeten, die das Schlachtfeld bedeckten, teuer bezahlt werden. Noch schmerzlicher empfand der König den Verlust seines tapferen Feldmarschalls von Schwerin,[1] der, mit der Fahne eines zurückweichenden Regimentes in der Hand, gefallen war.

Leider folgte aber diesem ersten Siege sehr bald eine empfindliche Niederlage. Die geschlagene österreichische Armee hatte sich hinter die Wälle[2] von Prag zurückgezogen, und Friedrich sah sich dadurch zur Belagerung der stark befestigten böhmischen Hauptstadt genötigt. Inzwischen rückte aber der österreichische Feldmarschall Daun[3] mit einem Heere zum Entsatze von Prag heran. Friedrich zog ihm entgegen, und so kam es am 18. Juni zur Schlacht bei Kollin, der ersten, die für Friedrich einen unglücklichen Verlauf nahm. Als der Abend anbrach, mußte er den Befehl zum Rückzug geben. Seine 32 000 Mann hatten 66 000 Österreichern gegenüber gestanden und dabei hatten diese auf den umliegenden Höhen vorzügliche Stellungen inne gehabt; fast die Hälfte seines Heeres blieb auf dem Schlachtfeld liegen oder ging durch Fahnenflucht verloren. Nur mit geringer Bedeckung langte Friedrich bei einbrechender Dunkel=

heit in dem Städtchen Nimburg an. Dort traf ihn sein Gefolge auf einer Brunnenröhre sitzend und mit seinem Stocke Figuren in den Sand zeichnend. Aber bald raffte er sich zu neuer Willenskraft auf und erteilte die durch die geänderte Sachlage gebotenen Befehle.

Infolge dieser Niederlage mußte Friedrich die Belagerung von Prag aufheben und sein Heer in gesonderten Abteilungen den Rückzug aus Böhmen antreten lassen. Auf diesem erlitt des Königs ältester Bruder, der Prinz August Wilhelm von Preußen, große Verluste. Bedeutende preußische Magazine wurden vernichtet. Der Prinz wurde von dem König mit Vorwürfen überhäuft.

Die Niederlage bei Kollin hatte auch die Verbündeten[1] Österreichs zu tatkräftigerem Eingreifen in den Gang des Krieges ermuntert. Die Franzosen[2] überschwemmten West- und Mitteldeutschland, die Schweden fielen in Pommern, die Russen in Ostpreußen ein, und Oberschlesien befand sich in den Händen der Österreicher. Friedrichs Lage schien eine verzweifelte. Und dennoch verzagte er nicht. Zunächst wandte er sich gegen die schon bis nach Thüringen vorgedrungenen Franzosen, mit denen sich dort auch die „eilende" Reichsarmee vereinigt hatte. Er war schon bis nach Gotha gelangt, als er die Nachricht erhielt, daß ein österreichisches Heer gegen Berlin im Anmarsch sei. Er machte sich daher auf, um seiner bedrohten Hauptstadt zu Hilfe zu eilen. Den Fürsten Moritz von Anhalt sandte er mit einer Heeresabteilung zum Schutze Berlins vor sich her, aber er selbst war kaum bis in die Nähe von Torgau gelangt, als ihm gemeldet wurde, daß die Gerüchte über den Angriff auf Berlin sehr übertrieben gewesen waren. Der österreichische General Hadick war zwar bis in die Vorstädte von Berlin gelangt; Berlin selbst aber war mit einer Kriegssteuer von 180 000 Talern und mit dem Schrecken davongekommen. Auf die Nachricht von dem Anrücken des Fürsten Moritz und Friedrichs hinter ihm, hatte sich Hadick mit seinen nur 4000 Mann schleunigst wieder zurückgezogen. Sofort kehrte Friedrich um, zum Vormarsch gegen die Franzosen und die Reichsarmee. Über diese wurde am 5. Nov. 1757 in der Schlacht von Roßbach[1] ein glänzender Sieg erfochten,[2] der insbesondere dem Heldenmut des Reitergenerals von Seydlitz zu verdanken war. Noch auf dem Schlachtfelde wurde der Held vom jüngsten Generalmajor zum Generalleutnant befördert. Das Heer Soubises und die Reichsarmee verloren beinahe 3000 Mann an Toten und Verwundeten. 5000 Gefangene, fast 70 Kanonen nebst Standarten, Fahnen, Pauken und anderem Heergeräte fielen in die Hände der Preußen. Das französische Heer samt dem Reichsheer flüchtete in vollständiger Auflösung; mit einem Schlage sah sich Friedrich von den Feinden, die ihn von Westen her bedrohten, befreit.

Die weitere Verfolgung der Franzosen wurde dem Herzog Ferdinand von Braunschweig überlassen. Friedrich selbst aber eilte nach Schlesien, wo seine Gegenwart dringend not tat. Die dort zurückgelassene Armee befand sich in der äußersten Bedrängnis. Prinz Karl von Lothringen war von Oberschlesien aus nach Mittelschlesien vorgedrungen. Die Festung

Der große Preußenkönig

Schweidnitz hatte sich ergeben und Breslau war in die Hände des Feindes gefallen. Die Österreicher gebärdeten sich von neuem als die Herren Schlesiens.

Friedrich war noch auf dem Vormarsch nach Schlesien begriffen, als ihn in Görlitz die Nachricht von dem Fall der Festung Schweidnitz und der Einnahme Breslaus erreichte. Zugleich erfuhr er, daß die unter dem Oberbefehl des Herzogs von Bevern in Schlesien stehende Armee geschlagen, über die Oder zurückgedrängt und dieser selbst in österreichische Gefangenschaft geraten war. In Eilmärschen rückte er auf Breslau vor. Er versammelte am 3. Dezember seine Generale um sich und eröffnete ihnen seinen Entschluß, daß er die Österreicher trotz ihrer überlegenen Zahl anzugreifen gedächte und im Vertrauen auf die bewährte Tapferkeit seiner Truppen auf den gewissen Sieg rechne. Am folgenden Tage wurden alle Vorbereitungen für die Schlacht getroffen, zu der Friedrich dann im Morgengrauen des 5. Dezember aus dem Lager bei Neumarkt aufbrach. Von einer bei dem Dorfe Borne gelegenen Anhöhe, „dem Scheuberge", aus, erblickte er die österreichische Armee in Schlachtordnung aufgestellt. Während er die Reihen derselben überschaute, drang der Gesang seiner Truppen an sein Ohr, die zur Weihe des Tages das Lied[1] anstimmten: „O Gott, du frommer Gott," mit der Bitte des zweiten Verses:

„Gib, daß ich tu[2] mit Fleiß, was mir zu tun gebühret,
Wozu mich dein Befehl in meinem Stande führet;
Gib, daß ich's tue bald, zu der Zeit, da ich's soll;
Und wenn ich's tu, so gib, daß es gerate wohl."

Als man ihn fragte, ob der Gesang verboten werden sollte, um dem Feinde das Herrannahen der Armee nicht zu verraten, da erwiderte er: „Nein!" und fügte zu dem frommen Zieten[1] gewendet, hinzu: „Meint Er,[2] daß ich mit solchen Leute heute siegen werde?" Gegen 1 Uhr mittags schritt der rechte Flügel des preußischen Heeres mit voller Wucht zum Angriff auf die österreichische Schlachtordnung, in deren Mittelpunkt das Dorf Leuthen lag. Nach hartnäckigem Kampfe wurden die Österreicher aus dem Dorfe hinausgeschlagen, und noch ehe die Sonne des kurzen Dezembertages sank, war die österreichische Armee in vollem Rückzuge. Auch der Tag von Leuthen ist einer der ruhmvollsten in der Heldenlaufbahn Friedrichs des Großen. Mit einem Heere von nur 30 000 Mann schlug er das an Zahl dem seinen fast dreimal überlegene österreichische Heer; des Feindes Verlust belief sich auf 27 000 Mann, während er auf preußischer Seite nur 6000 Mann betrug. Wie die preußischen Truppen den Morgen dieses ruhmvollen Tages mit dem Aufblick zu Gott begonnen hatten, so beschlossen sie ihn auch mit einem freudigen „Nun danket alle Gott,"[3] das ein alter Grenadier am Abend anstimmte und das bald, von Truppe zu Truppe sich fortpflanzend, aus 25 000 Kehlen zum nächtlichen Sternenhimmel emporstieg. Noch an demselben Abend gelangte Friedrich bei der Verfolgung des Feindes bis nach Lissa. Er ritt unmittelbar in das Schloß, ohne zu wissen, daß dasselbe noch von österreichischen Offizieren, die hier Quartier genommen hatten, angefüllt war. Es wäre ihnen ein leichtes gewesen, den König gefangenzunehmen, denn die Ba=

taillone, welche ihm folgten, waren noch nicht zur Stelle. Friedrich trat schnell gefaßt in den Kreis der feindlichen Offiziere mit den Worten: „Bon soir, messieurs,[1] kann man hier auch noch unterkommen?" Mit tiefen Bücklingen leuchteten sie ihm hinauf in den Saal und machten sich dann eiligst aus dem Staube, um noch vor der Ankunft der Preußen über die Weistritz zu entkommen.

Die nächste Folge des Sieges von Leuthen war es, daß Breslau, wo der Prinz von Lothringen eine Besatzung von 17 000 Mann zurückgelassen hatte, sich nach zwölftägiger Belagerung ergeben mußte. Der Rest des bei Leuthen geschlagenen österreichischen Heeres wurde von Zieten über die böhmische Grenze heimgejagt. Schlesien war bis auf die Festung Schweidnitz wieder in unbestrittenem Besitz Friedrichs. Die letztere wurde vorläufig eingeschlossen, bis auch sie nach der im Frühjahr 1758 ins Werk gesetzten Belagerung sich ergeben mußte.

Den Winter von 1757 auf 1758 brachte der König mit Vorbereitungen für den Feldzug des folgenden Jahres in Breslau zu. Der österreichische Feldmarschall Daun hatte im Verlauf des Winters in Böhmen neue Heere gesammelt, die Schlesien abermals bedrohten. Von Westen drangen wieder französische Truppen über den Rhein und ein russisches Heer war in das von allen Truppen entblößte Preußen eingefallen, wo die Feinde plündernd und verwüstend hausten. So sah sich Friedrich von neuem durch Feinde ringsum bedrängt. In der Besorgnis, daß die Österreicher versuchen würden, sich mit den Russen zu vereinigen, unternahm Friedrich im Frühjahr 1758 einen Einfall in Mähren. In Schlesien wurde ein Teil des Heeres zurückgelassen, während Friedrich sich mit dem andern gegen die Russen wandte, die schon bis Küstrin vorgedrungen waren und Berlin bedrohten. Gerade noch zur rechten Stunde traf Friedrich in Eilmärschen vor Küstrin ein. Die Russen mußten die Belagerung Küstrins aufgeben, und Friedrich griff sie dann am 25. August bei Zorndorf in offener Schlacht an. Lange schwankte die Siegeswage, und mit schweren Opfern mußte der Sieg erkauft werden. Es war die blutigste Schlacht des siebenjährigen Krieges.

Um so nötiger war Friedrichs Gegenwart in Sachsen. Sein Bruder, Prinz Heinrich, den er mit einem Heere von 20 000 Mann zur Deckung Sachsens zurückgelassen hatte, wurde dort von einem österreichischen Heere hart bedroht, Daun war inzwischen der Oberbefehl über die österreichischen Truppen übertragen worden. In Eilmärschen kam Friedrich dem Bruder zu Hilfe. Inzwischen wurde aber auch Schlesien von österreichischen Heerhaufen, die von Oberschlesien her vordrangen, von neuem bedroht. Um Friedrich den Weg nach Schlesien zu verlegen, hatte Daun in der Nähe von Bautzen eine stark befestigte Stellung eingenommen. Trotzdem schlug Friedrich am Fuße der von Daun besetzten Berge bei dem Dorfe H o c h k i r ch sein Lager auf. Hier wurde er noch bei völliger Dunkelheit in den Morgenstunden des 14. Oktober von Daun überfallen und mit starker Übermacht angegriffen. Trotz der tapferen Gegenwehr von preußischer Seite wurde das Dorf Hochkirch von den Österreichern genommen. Der preußische

Der große Preußenkönig

Feldmarschall Keith, Friedrichs vertrautester Freund, fiel. Der König selbst entging kaum der Gefangenschaft. Nur die Geistesgegenwart eines preußischen Oberleutnants, der ihm rasch das eigene Pferd darbot, nachdem das des Königs von einer feindlichen Kugel getroffen war, und der dafür selbst gefangen wurde, rettete ihn. Es war eine schwere Niederlage, die Friedrich beim Überfall von Hochkirch erlitt. Er verlor 8000 seiner tapfersten Soldaten, darunter 119 Offiziere. Dennoch leitete er mit vollkommener Ruhe und Umsicht den Rückzug, und mit wunderbarer Selbstbeherrschung verbarg er dem Heere den Schmerz, der an seinem Herzen nagte. „Daun hat mir heute einen glupschen[1] Streich gespielt," äußerte er, über sein Unglück noch scherzend. Zu den Artilleristen, die am andern Tage bei einer Musterung des geschlagenen Heeres ohne ihre Geschütze dastanden, sagte der König: „Wo habt ihr eure[2] Kanonen?" Betrübt erwiderten die Braven: „Euer Majestät, der Teufel hat sie in der Nacht geholt," worauf Friedrich antwortete: „Nun, so wollen wir sie ihm bei Tage wieder abnehmen."

Friedrich hatte in zehntägiger Rast sein Heer kaum wieder in Ordnung gebracht, als es ihm gelang, mit Umgehung des Daun'schen Heeres Schlesien zu erreichen und nach wenigen Wochen von Feinden zu befreien. Inzwischen hatte Daun versucht, sich Dresdens zu bemächtigen, zu dessen Schutz Friedrich nur eine kleine Heeresabteilung in Sachsen zurückgelassen hatte. Aber bei der Annäherung Dauns ließ der preußische Kommandant von Dresden diesem erklären: er ließe die ganze

Stadt in einen Aschenhaufen verwandeln und erst unter den Trümmern des königlichen Schlosses Halt machen, falls Daun seinen Zug auf Dresden fortsetzte. Durch diese Drohung eingeschüchtert, und da Friedrich auch mit seinem Heere aus Schlesien wieder im Anzug war, zog Daun es vor, sich nach Böhmen zurückzuziehen. So waren trotz des Überfalls von Hochkirch am Schluß des Feldzuges von 1758 Schlesien und Sachsen von Feinden rein gefegt.

Aber die schwersten Jahre des Krieges sollten erst noch kommen. Im Frühjahr 1759 wurde die Lage Friedrichs eine immer schwierigere. Er hatte den 300 000 Mann, welche die Heere seiner Feinde zählten, kaum 150 000 gegenüberzustellen. Monatelang stand er mit seiner Hauptmacht an der schlesisch-böhmischen Grenze, um Schlesien wieder gegen ein heranrückendes[1] österreichisches Heer zu schützen. Im Juni 1759 hatte sich aber ein 70 000 Mann starkes russisches Heer gegen die Provinz Brandenburg in Bewegung gesetzt, und bedrohte Berlin. So mußte Friedrich dorthin eilen, um seinen gefährdeten Erblanden Hilfe zu bringen; aber noch ehe er diese erreicht hatte, war es einem österreichischen Heere von 18 000 Mann gelungen, sich mit den Russen zu vereinigen. Mit nur 45 000 Mann griff er am 12. August bei Kunersdorf das vereinigte feindliche Heer an, das mit seinen nahezu 90 000 ihm fast um das Doppelte überlegen war. Der linke russische Flügel wurde glücklich zum Weichen gebracht. Aber als der König nun auch zum Angriff auf den rechten Flügel schritt, erlag das preußische Heer der Übermacht. Mit Mühe konnte der König

Der große Preußenkönig

vom Schlachtfeld entfernt werden, wo er den Tod zu suchen schien. Die Verluste seines Heeres waren ungeheure, 6000 Tote und 13000 Verwundete bedeckten das Schlachtfeld. Sämtliche Geschütze und fast alles Feldgerät war dem Feinde in die Hände gefallen. Der König selbst hielt unter dem Eindruck dieser Niederlage seine Sache für unwiederbringlich verloren und überließ sich für den Augenblick einer fast ungewohnten Verzweiflung. „Es ist alles, alles verloren," sprach er immer wieder vor sich hin, und, entschlossen, die Schmach nicht zu überleben, beschäftigte er sich mit Anordnungen, wie es mit dem Staat nach seinem Hingang gehalten werden sollte.

Er brachte die nächste Nacht in einer erbärmlichen Hütte im Dorfe Ötscher zu, von wo aus er die notwendigsten Befehle zur augenblicklichen Rettung erteilte. Spät in der Nacht erst, angekleidet auf einem Bund Stroh liegend, den Hut tief ins Gesicht gedrückt, den bloßen Degen zur Seite, überließ er sich für wenige Stunden dem Schlaf. Mit allem Ernste dachte er daran, der Regierung zu entsagen. Ein Schreiben, das er an den Prinzen Heinrich richtete, das aber glücklicherweise nicht in dessen Hände gelangt ist, enthielt die Weisung, daß die Armee seinem Neffen, dem damaligen Könige Friedrich Wilhelm II., den Fahneneid leisten sollte. Aber auch jetzt raffte sich Friedrich wieder auf aus seiner düstern Stimmung. Er ordnete seine 23 000 Mann, die er aus der Schlacht bei Kunersdorf gerettet hatte. Glücklicherweise kam ihm auch diesmal, wie so oft, wieder das Zaudern seiner Feinde in der Ausnutzung des Sieges zu statten. Freilich brachte das Jahr 1759 auch noch weitere Unglücksfälle. Zwar wurden die Russen, von Friedrich mit dem Reste seines Heeres verfolgt, genötigt, Schlesien zu verlassen und sich nach Polen zurückzuziehen. Aber eine schmerzliche Folge der Niederlage von Kunersdorf war der Verlust Dresdens, und noch bevor es Friedrich gelungen war, dasselbe zurückzuerobern, traf ihn dadurch ein neuer schwerer Schlag, daß eine Heeresabteilung von 12 000 Mann, die in den Rücken des Daunschen Heeres entsandt worden war, um diesem den Rückzug nach Böhmen zu erschweren, bei Maxen, südwestlich von Pirna, völlig umzingelt und zur Übergabe gezwungen wurde.

Auch der Feldzug des Jahres 1760 brachte neue Prüfungen. Breslau war von neuem bedroht. Nur mit Mühe gelang es dem tapferen General von Tauentzien,[1] sich mit einer Besatzung von nur 3000 Mann gegen das österreichische Belagerungsheer zu halten, bis Prinz Heinrich zu seiner Rettung herbeieilte und die Österreicher nötigte, die Belagerung aufzuheben. Endlich, nach so manchen Niederlagen gelang es Friedrich am 15. August 1760 in einem dreistündigen Gefecht bei Liegnitz den Sieg zum ersten Male wieder an seine Fahnen zu fesseln. Die Österreicher unter Laudon wurden zum Rückzug über die Katzbach[2] genötigt; Friedrich konnte sich nun mit dem Prinzen Heinrich vereinigen, und die Russen mußten wieder aus Schlesien weichen. Dennoch war die Gesamtlage Friedrichs noch immer verzweifelt genug. Gegen Ende September wurde Berlin von einem russischen Heere und bald darauf noch schwerer von Österreichern und Sachsen heimgesucht. Erst als Friedrich

Der große Preußenkönig

in beschleunigten Märschen der bedrängten Mark[1] und seiner
Hauptstadt zu Hilfe eilte, traten die Feinde den Rückzug an,
nachdem sie in den Ortschaften um Berlin schrecklich gehaust
hatten. Der Feldzug von 1760 wurde dann noch mit einem
abermaligen glänzenden Siege beschlossen, den Friedrich am 3.
November in der Schlacht bei Torgau über den Feldmarschall
Daun davontrug. Trotz der Überzahl des Feindes mußte sich
Friedrich entschließen, ihn in offener Schlacht anzugreifen,
wenn er nicht ganz Sachsen den Österreichern preisgeben und
von dort aus auch die Marken[2] von neuem bedroht sehen wollte.
Schon glaubte Daun des Sieges gewiß zu sein, und er hatte die
Botschaft desselben bereits nach Wien gesandt, als Zieten bei
schon eingebrochener Dunkelheit den Kampf noch einmal er=
neuerte und durch die Erstürmung der Süptitzer Höhen bei
Torgau die Schlacht zu Gunsten der Preußen entschied. Das
österreichische Heer mußte in eiliger Flucht über die Elbe zu=
rückgehen. Friedrich, der im Verlaufe der Schlacht leicht ver=
wundet worden war, hatte sie bereits für verloren gehalten
und in der kleinen Kirche des Dorfes Elsnich für die Nacht
Obdach gesucht. Auf dem Altar schrieb er die Befehle zum
erneuten Angriff am andern Morgen, als er die Nachricht von
dem Rückzug des Feindes erhielt. Aber trotz dieses Sieges
blieb der größte Teil von Sachsen mit Dresden doch noch in
österreichischen Händen, während Friedrich den Winter von
1760 auf 1761 in Leipzig zubrachte. Auch im folgenden Jahre
mußte er sich lediglich auf die Verteidigung beschränken. Nur
durch ein Zusammentreffen besonders glücklicher Umstände

entging er im Lager von Strehlen der Gefahr, durch Verrat in feindliche Gefangenschaft zu geraten. Ein Baron von Warkotsch, auf dessen Gut der König im Quartier lag, hatte sich anheischig gemacht, seinen fürstlichen Gast durch Verrat in die Hände der Österreicher zu liefern. Der Leibjäger des Verräters, Kappel, hatte den Auftrag, die entscheidende Meldung einem österreichischen Oberst Wallis zu überbringen, der den König aufheben sollte. Aber im letzten Augenblick schlug ihm das Gewissen. Statt dem österreichischen Oberst übergab er die Meldung dem evangelischen Prediger Gerlach in dem Dorfe Schönbrunn, durch den der verräterische Plan zur Kenntnis Friedrichs gebracht wurde. Dem Verräter, wie seinem Helfershelfer, einem katholischen Kurator[1] Schmidt in der Nähe von Strehlen, gelang es noch rechtzeitig zu entkommen, so daß beide nur im Bilde hingerichtet werden konnten.

Nicht ohne bange Sorgen sah Friedrich im Winter von 1761 auf 1762 den Ereignissen des kommenden Jahres entgegen. Mit dem Falle von Schweidnitz war ein großer Teil Schlesiens wieder in die Hände des Feindes gelangt. In Pommern hausten die Russen und hatten dort die Festung Kolberg erobert. Immer mehr sah sich Friedrich eingeengt und immer mehr versiegten die Quellen zur Stärkung seiner Heeresmacht. Da trat eine unerwartete Wendung zu des Königs Gunsten ein. Am 5. Januar 1762 starb die Kaiserin Elisabeth von Rußland, die geschworene Todfeindin Friedrichs. Deren Nachfolger Peter III. war ein begeisterter Verehrer Friedrichs II. Die erste Handlung seiner Regierung war, das Bündnis mit Österreich zu kündigen und mit Friedrich in Friedensverhandlungen zu treten. Die russischen Truppen räumten nicht bloß alle von ihnen besetzten preußischen Gebiete, sondern Peter III. schloß nun mit Friedrich selbst ein Schutzbündnis, auf Grund dessen er ihm 20 000 Mann zu Hilfe sandte. Nun konnte Friedrich wieder zum Angriff schreiten. Er wandte sich gegen Daun, der, um die Festungen Glatz und Schweidnitz zu behaupten, auf den Höhen von Burkersdorf ein festes Lager bezogen hatte. Friedrich bereitete sich eben zu einem Angriff auf Dauns Stellung vor, als er die Nachricht erhielt, daß sein Freund und Bundesgenosse Peter III.[1] entthront worden war und dessen Gemahlin Katharina statt seiner den russischen Thron bestiegen hatte. Diese hob die Bundesgenossenschaft zwischen Rußland und Preußen wieder auf und berief das russische Hilfskorps zurück. Doch gelang es Friedrich, den russischen General Czernitschef zu bestimmen, seinen Abmarsch um drei Tage zu verschieben und den Abberufungsbefehl solange geheim zu halten. Mit kühnem Wagnis benutzte Friedrich diese Tage zu einem Angriff auf die Burkersdorfer Höhen, hinter denen Daun verschanzt lag. Der am 21. Juli 1762 unternommene Angriff gelang, Daun mußte seine Stellung aufgeben und sich in das schlesische Gebirge zurückziehen.

Nun konnte Friedrich zur Einschließung und Belagerung von Schweidnitz schreiten. Endlich, am 9. Oktober wurde die Festung zur Übergabe gezwungen. Die ganze Besatzung wurde kriegsgefangen gemacht, und eine große Menge von Vorräten fiel den Preußen in die Hände. In Schlesien hatten damit die Kämpfe des siebenjährigen Krieges ihr Ende erreicht. Nun galt es nur noch, die Österreicher und die mit ihnen verbündeten Reichstruppen aus Sachsen zu verdrängen, wohin Friedrich jetzt aufbrach. Auf dem Marsche dorthin erhielt er die Nachricht von einem bedeutenden Siege, den Prinz Heinrich am 29. Oktober 1762 bei Freiberg über die Österreicher und die Reichstruppen davongetragen hatte, worauf sich diese nach Böhmen zurückgezogen hatten.

Alle Welt sehnte sich nach Frieden. Frankreich war schon vorher von dem Bündnis mit Österreich zurückgetreten. Maria Theresia und die österreichische Regierung konnten sich nicht länger darüber täuschen, daß der Versuch, Schlesien zurückzuerobern und Preußen zu demütigen, endgültig als gescheitert anzusehen war. Am meisten aber hatte Sachsen Anlaß, das Ende des Krieges herbeizusehnen. Denn kein Land hatte so wie dieses unter den Drangsalen des Krieges zu leiden gehabt. So kam unter Vermittelung des Kurprinzen von Sachsen am 24. November 1762 ein Waffenstillstand zustande, dem dann am 15. Februar 1763 auf dem kursächsischen Jagdschlosse Hubertusburg der Friedensschluß folgte. Friederich blieb im Besitze von ganz Schlesien und aller seiner Länder. Von österreichischer Seite wurde zwar der Versuch gemacht, die Grafschaft Glatz zurückzuerhalten, aber der König bestand auch auf deren dauernden Abtretung. Er verzichtete zwar auf jede Entschädigung für sich und sein Land, aber er lehnte auch jede Zumutung ab, nur ein einziges Dorf aufzuopfern. Was er unter dem mannigfachsten Wechsel von Glück und Unglück,

Der große Preußenkönig

unter der größten Anstrengung auf Leben und Tod verteidigt hatte, das wollte er auch behaupten.

Nach dem Abschluß des Friedens eilte Friedrich noch einmal nach dem neu erworbenen und in siebenjährigen heißen Kämpfen dauernd errungenen Schlesien und benutzte den dortigen Aufenthalt zu Maßnahmen für die Verwaltung des Landes und zu Truppenbesichtigungen. Unter den Sorgen und Wechselfällen des Krieges war er vor der Zeit gealtert, und von seinen Freunden und besten Feldherren kehrten nur wenige mit ihm zurück. Seine Lande aber fand er zum großen Teil in einem verwüsteten Zustande, ihre Bevölkerung um eine halbe Million Einwohner vermindert, den Wohlstand in Stadt und Land daniederliegend. Es wird erzählt, daß er nach der Rückkehr nach Berlin seine Hofkapelle in die Schloßkirche zu Charlottenburg entboten habe, um das Te deum von Graun aufzuführen, und daß er, statt wie man erwartet hatte, den ganzen Hof zu einer glänzenden Feier um sich zu versammeln, ganz allein erschienen sei, und bei dem Anstimmen des Lobgesanges sein Haupt gesenkt und die Augen mit der Hand bedeckt habe, um seinen Dankestränen freien Lauf zu lassen. In ihren Einzelheiten mag diese Erzählung teilweise auf Sage beruhen. Aber gewiß liegt ihr ein Kern geschichtlicher Wahrheit zu Grunde. Im Rückblick auf die siebenjährige schwere Prüfungszeit wird auch aus den religiösen Empfindungen[1] schwer zugänglichen Herzen des Königs ein tiefempfundenes: „Herr Gott, dich loben wir" zum Himmel emporgestiegen sein.

Viertes Kapitel
König Friedrichs Regierung in den Jahren des Friedens

Wie groß auch Friedrich als Kriegsheld in der Geschichte dasteht und wie unvergängliche Ruhmeskränze er in siegreichen Schlachten um sein Haupt gewunden hat, Ruhmeskränze, die auch die Niederlagen, welche er erleiden mußte, nicht haben verwelken lassen, so ist er doch im Grunde seines Herzens ein Fürst des Friedens gewesen. Viel mehr, als auf kriegerische Eroberungen, ist er auf die Förderung des inneren Wohlstandes seiner Lande unermüdlich bedacht gewesen. Niemals hat er sich von seiner Größe blenden und übermütig machen oder sich verleiten lassen, auf seine Siege stolz zu sein und mit ihnen zu prahlen. Nur selten hörte man ihn von seinen Kriegstaten sprechen und auch dann nur mit seinen alten Kriegskameraden, indem er ihre Verdienste lobte, ohne die seinen in den Vordergrund zu stellen. Wenn er auch nicht mit der Demut, die wir an dem großen Kaiser Wilhelm[1] gekannt und bewundert haben, und mit so freudigem Bekenntnis wie dieser für seine Erfolge Gott die Ehre gegeben hat, so hat doch auch er es oft genug in schöner und aufrichtiger Weise anerkannt, wie wenig in Kriegsdingen die eigene Kraft ohne die Allmacht der Vorsehung vermag. Schon nach dem zweiten schlesischen Kriege war sein Bedürfnis nach Ruhm vollkommen befriedigt und „Friede bis an sein Lebensende" sein Wunsch und seine Hoffnung, und offen sprach er aus, daß er gesonnen sei, „keine Katze anzugreifen, wenn man ihn nur in Ruhe lasse."

Der große Preußenkönig

Der erste Diener seines Staates zu sein, das sah Friedrich stets als die vornehmste Aufgabe seines königlichen Berufes an. Dieser Aufgabe hat er seine ganze Kraft und Zeit gewidmet. Hinter dieser Aufgabe mußten auch seine Lieblingsbeschäftigungen, die Pflege der Künste und Wissenschaften zurückstehen. Nur soweit es die Regierungsgeschäfte gestatteten, waren seine Mußestunden künstlerischen Neigungen gewidmet. Es mag wenig Fürsten gegeben haben, die so unermüdlich fleißig und tätig wie er gewesen sind. Er war gewohnt, sehr früh aufzustehen, und bis in sein höchstes Alter hat er an dieser Gewohnheit festgehalten. Im Sommer erhob er sich um 3, selten später als 4 Uhr, im Winter etwa eine Stunde später. Seine Diener mußten ihn zur bestimmten Stunde wecken und erforderlichenfalls die Mahnung zum Aufstehen wiederholen. Noch während ihm der Haarzopf[1] gemacht wurde, den er nach damaliger Sitte trug, las er die persönlich an ihn gerichteten Briefe, wogegen alle Berichte, Vorstellungen und Anzeigen von seinen Kabinettsräten eröffnet und geordnet wurden. Sobald seine Toilette beendet war, hörte er die Berichte seiner Generaladjutanten über Militärsachen. Nach dem ersten Frühstück, das aus zwei oder drei Tassen Kaffee bestand, spielte er wohl im Zimmer auf und ab gehend kurze Zeit auf seiner geliebten Flöte. Zwischen 9 und 10 Uhr beschäftigte er sich mit den Berichten seiner Kabinettsräte, die dann einzeln erschienen, um seine Bescheide auf die eingegangenen Sachen entgegenzunehmen. Diese Bescheide erstreckten sich von den höchsten Angelegenheiten der Staatskunst bis auf die kleinsten geringfügigsten Dinge, wie

auf Deicharbeiten, Kanalbauten, Seifensiedereien, Maulbeer=
anlagen und Seidenbau, ja bis auf Verordnungen, wo Krähen
geschossen werden dürfen und wo nicht, und daß wegen Vieh=
krankheit keine Kälber geschlachtet werden dürfen.

Nach dem Empfang und dem Vortrag der Kabinettsräte
vertauschte der König den Morgenanzug mit der Uniform und
erteilte darauf Audienzen, oder er beantwortete Familien= und
andere Privatbriefe. Je nach der Jahreszeit ritt oder ging
er wohl auch spazieren. Punkt 12 Uhr wurde zu Mittag
gespeist; der König aß nicht sehr viel, aber er liebte scharfge=
würzte Speisen, besonders die sog.[1] „Polenta," ein fettes,
sehr unverdauliches italienisches Gericht, von dem er manchmal
mehr genoß, als seiner Gesundheit zuträglich war. Wenn die
Unterhaltung bei Tafel[2] durch anwesende Gäste sich lebhaft ge=
staltete, so konnte er um ihretwillen, soweit es die Geschäfte ge=
statteten, wohl auch längere Zeit bei Tisch verweilen. Er
liebte es, wenn jeder aus seiner Umgebung in ungezwungenster
Weise das Seinige zur Unterhaltung beitrug, und er ertrug
es auch, wenn seine manchmal herausfordernden Bemerkungen
zu witzigen, selbst kecken Antworten Veranlassung gaben. Die
Zeit von 4 bis 6 Uhr nachmittags war der eigenen Schrift=
stellerei[3] des Königs gewidmet. Vor dem Abendessen fand
gewöhnlich ein Konzert in einem kleinen Kreise statt, doch nur
so lange, als Friedrich selbst die Flöte blasen konnte, später
wurde die ganze Abendzeit nur mit Unterhaltung zugebracht.
Diese Abendgesellschaften waren insbesondere dem Verkehr mit
den näheren Freunden des Königs gewidmet; aber auch seine

Generale oder bedeutende Männer aus andern Ständen versammelte er bei ihnen um sich.

Anders gestaltete sich natürlich die Tagesordnung, wenn der König auf Reisen war, zu denen namentlich die alljährlichen Musterungen der Truppen in den Provinzen regelmäßige Veranlassung gaben. Diese Reisen benutzte der König, um sich bis ins kleinste mit den Verhältnissen und Zuständen in den einzelnen Provinzen bekannt zu machen. Insbesondere ließ er es sich auf ihnen angelegen sein, von begründeten Beschwerden und Klagen seiner Untertanen persönlich Kenntnis zu nehmen. Unabläßlich war Friedrich auf die Abstellung wirtschaftlicher und sozialer Notstände bedacht. So schreibt er selbst in betreff seiner Reisen in die Provinzen: „Ich suche in meinem Vaterlande zu hindern, daß der Mächtige den Schwachen unterdrücke, und Urteile zu mildern, die mir zu streng erscheinen. Dies ist zum Teil meine Beschäftigung, wenn ich die Provinzen durchreise; jedermann hat Zutritt zu mir, alle Klagen werden von mir selbst untersucht. Das macht die Richter aufmerksam und verhütet zu strenges Urteil."

Der König hatte schon in den ersten Jahren seiner Regierung eine Bekanntmachung veröffentlichen lassen, daß jeder seine Bitten, Gesuche und Beschwerden eigenhändig bei ihm anbringen dürfe. Viele paßten den Augenblick ab, wo er zur Parade ging, um ihre Gesuche zu überreichen. Noch heute steht vor dem Stadtschloß zu Potsdam gerade dem Eckfenster gegenüber, das zu des Königs Arbeitszimmer gehörte, die sog. „Bittschriftenlinde," an welcher die Bittsteller zu stehen und ihre Gesuche in der Hand zu halten pflegten, bis sie der König bemerkte. Dieser schickte dann seinen Heiducken hinunter, um das Gesuch in Empfang zu nehmen.

Ganz besonders drang König Friedrich, wie schon früher angedeutet wurde, vom Antritt seiner Regierung an auf die Verbesserung der Rechtspflege. Bis an sein Ende hat er sie zum Gegenstande unablässiger Fürsorge gemacht. Bald wurde nun Friedrich, der im Auslande vielfach als Kriegsgeißel und Eroberer verrufen war, weit über die Grenzen seines Landes hinaus, als ein Reformator der Rechtspflege gepriesen.

Neben der Verbesserung der Rechtspflege sorgte Friedrich vor allem für die Hebung der Landwirtschaft. In dieser Liebe zur Landwirtschaft ist er ganz in die Fußstapfen seines Vaters getreten und bemüht gewesen, die von diesem schon getroffenen Maßregeln weiter fortzuführen. In manchen Landesteilen, wie in Pommern und in der Mark, waren sogar die Verwüstungen des dreißigjährigen Krieges noch immer nicht verwunden. Daher suchte Friedrich die ländliche Bevölkerung durch Ansiedelung zu vermehren. Tüchtige Ackerbauer, die in dem Betriebe der Landwirtschaft den Bewohnern dieser Provinzen voraus waren, wurden aus andern Ländern herangezogen, darunter viele, die, wie in Zweibrücken und in den Rheinlanden, um ihres evangelischen Glaubens willen bedrückt worden waren. Der König hatte die Genugtuung, daß die Zahl der Bevölkerung in Pommern allein in wenigen Jahren um 50 000 Seelen wuchs. In den 10 Friedensjahren zwischen dem zweiten schlesischen und dem siebenjährigen

Kriege sind in dieser Provinz 280 neue Dörfer gegründet worden. Im ganzen mögen an 250 000 Ansiedler aus allen Teilen Deutschlands, aus Holland und anderen Nachbarländern, während der Regierung König Friedrichs nach Preußen gekommen sein, wo ihnen bis dahin wüst und unfruchtbar gelegene Landstriche unter mancherlei Begünstigungen zur Urbarmachung überwiesen wurden. Als er einst die fruchtbaren Fluren überblickte, die dort auf sein Geheiß entstanden waren, rief er voll Freuden aus: „Hier ist ein Fürstentum erworben, auf dem ich keine Soldaten zu halten nötig habe." In ähnlicher Weise hat er in den späteren Jahren seiner Regierung nach der Erwerbung Westpreußens die Warthe- und Netzebrüche urbar machen lassen. Seine Fürsorge für die Landwirtschaft und für die Erleichterung der auf dem Bauernstande ruhenden Lasten erstreckte sich bis ins einzelnste. Wenn er auch die Abschaffung der Leibeigenschaft[1] noch nicht durchzusetzen wagte, um nicht in die Rechte des grundbesitzenden Adels einzugreifen, der ihm für seine Armee die tüchtigsten Offiziere stellte, so war er doch mit allen Kräften bemüht, den harten Druck, unter welchem die leibeigene Landbevölkerung vielfach seufzte, möglichst zu mildern.

Vielfach sind freilich die von dem Könige zum Besten der Landwirtschaft getroffenen Maßregeln auch als Härte und als ein mit Widerwillen ertragener Zwang empfunden worden. Auch ist die Durchführung seiner Absichten oft auf Schwierigkeiten gestoßen, die in dem Unverstand und in der mangelnden Einsicht der Landbewohner ihren Grund hatten. So kostete es z. B.¹ große Mühe, den so nützlichen und segensreichen Kartoffelbau auf dem Lande einzuführen, obwohl er in England und Holland schon seit einem Jahrhundert eingebürgert war. Selbst die vom Könige angeordnete Verteilung von Saat= kartoffeln fruchtete wenig. Es hat in manchen Gegenden sehr lange gedauert, bis die Bauern sich zum Anbau dieser Frucht verstehen wollten. Hin und wieder kam es darüber sogar zu Unruhen, und die Geistlichen mußten angewiesen werden, von den Kanzeln über den Nutzen des Kartoffelbaues zu predigen.

Ebenso aber wie die Landwirtschaft, lag Friedrich auch das Emporblühen von Handel und Gewerbe am Herzen. Deshalb beförderte er die Gründung von Fabriken und Manufaktu= ren, um Erzeugnisse, die bis dahin mit großen Kosten aus dem Auslande bezogen werden mußten, im eigenen Lande anfertigen zu lassen. Zum Schutze des heimischen Gewerbefleißes wur= den auch auf die ausländischen Waren hohe Eingangszölle gelegt. Mit besonderer Vorliebe unterstützte der König die Anlagen von Seidenfabriken. Es wurde die Anpflanzung von Maulbeerbäumen anempfohlen und durch ausgesetzte Be= lohnungen befördert. Wer tausend Bäume pflanzte, erhielt jährlich 50 Taler. Aus Italien und Frankreich wurden Seidenwürmer bezogen und aus Lyon,² wo die Seidenfabri= kation schon damals in hoher Blüte stand, Arbeiter ins Land berufen. Auch der Flachsbau auf dem Lande, zur Anfertigung von Leinenwaren, wurde unterstützt, und die Einwohner in den Dörfern wurden zu fleißigem Spinnen angehalten. Aus Böhmen, wo die Leinenweberei mit besonderem Geschick be=

trieben wurde, ließ der König Weber kommen, siedelte sie in seinen Landen an und rüstete sie mit Webstühlen aus. So ist z. B. das Dorf Nowawes bei Potsdam aus einer von Friedrich dem Großen begründeten Weberkolonie entstanden. Auch zur Anlage von Baumwollspinnereien und Kattundruckereien hat der König die erste Anregung gegeben.

Ebenso hat ihm die noch heute in Berlin bestehende königliche Porzellanfabrik ihre Gründung zu verdanken. Sie zeichnete sich bald durch Vortrefflichkeit ihrer Waren so aus, daß das Berliner Porzellan dem so berühmten Meißener[1] kaum mehr nachstand. Das in den preußischen Landen, mit Ausnahme des Mansfelder Gebietes, noch völlig daniederliegende Berg- und Hüttenwesen gelangte nach der Erwerbung Schlesiens zu blühendem Aufschwung, und auch die Eisen- und Stahlfabrikation ist unter Friedrichs Regierung ein neuer Zweig preußischen Gewerbefleißes geworden. Es gibt kaum einen Zweig desselben, dem er nicht seine anregende und aufmunternde Fürsorge zugewendet hätte.[2] Mit der fortschreitenden Hebung der Landwirtschaft und des Gewerbfleißes erhöhte sich aber auch die Zahl der Einwohner, und die Staatseinkünfte steigerten sich von Jahr zu Jahr. Hand in Hand ging mit dem Aufschwung der Industrie auch das Aufblühen des Handels, dessen Förderung sich der König durch zahlreiche Straßen- und Kanalbauten angelegen sein ließ. So wurden der Plauen'sche und der Finow-Kanal gebaut, von denen der erste in einer Länge von etwa sechs Meilen die Havel mit der Elbe verbindet, der zweite diese Verbindung weiter auf die Oder ausdehnt.

Über so vielen öffentlichen Verbesserungen zum Allgemeinwohl, an denen Friedrich unabläſſig gearbeitet hat, verſäumte er aber nicht, auch durch mancherlei Bauten, die er zu eigenem Nutzen ausführen ließ, seinem Hofe neuen Glanz zu verleihen. Wohl ist Friedrich sein Leben lang ein überaus sparsamer und haushälteriſcher Herrſcher geweſen. Von seinem perſönlichen Einkommen, das ſich auf 1 200 000 Taler belief, gab er nie über 220 000 Taler jährlich für seine eigenen Bedürfniſſe aus. Den Reſt verwendete er auf echt königliche Wohltätigkeit, zur Unterſtützung abgebrannter Dörfer, überſchwemmter Provinzen und auf ſonſtige landesväterliche Fürſorge. Aber zu ſeinen eigenen Bedürfniſſen zählte er auch die Herſtellung eines würdigen Königsſitzes in Potsdam, wo ihm das von den Vorfahren erbaute und glänzend ausgeſtattete Stadtſchloß[1] wohl für den Winter- aber nicht für den Sommeraufenthalt genügte. Daher beſchloß er ſchon vor dem Ausbruch des zweiten ſchleſiſchen Krieges die Erbauung eines königlichen Sommerſchloſſes auf einem kahlen, weſtlich von Potsdam gelegenen Sandhügel, der den Namen „der wüſte Berg" führte, und den er in einen terraſſenförmigen Weinberg verwandeln ließ. Nach deſſen Herſtellung erteilte er den Befehl zur Erbauung eines Luſthauses auf der oberſten Terraſſe des Weinbergs. Mitten in den Unruhen und Kämpfen des zweiten ſchleſiſchen Krieges wurde am 15. April 1745 der Grundſtein zu dieſem Bau gelegt, der dann erſt ſpäter nach ſeiner Vollendung den weltbekannten Namen „Sansſouci"[2] erhalten hat. Anfangs nannte der König ihn ſelbſt immer nur ſein „Luſthaus im Weinberg."

Schloß Sanssouci und Terrasse

Der große Preußenkönig

Der Name „Sanssouci" wird auf ein Gespräch zurückgeführt, das der König eines Tages mit seinem Freunde Marquis d'Argens auf der vor dem Schlosse belegenen Terrasse geführt haben soll. Noch ehe der Bau des Schlosses ganz vollendet war, hatte er in der Nähe desselben eine Gruft bauen lassen, die er zu seiner dereinstigen Ruhestätte bestimmte. Als er nun eines Tages mit dem genannten Freunde auf der vor dem Schlosse belegenen Terrasse spazieren ging, sagte er, mit mancherlei Sorgen beschäftigt, auf die Gruft hindeutend: "Quand je serai là, je serai sans souci." Wenn ich erst dort liegen werde, werde ich „ohne Sorgen" sein. Dieses Wort soll d'Argens aufgegriffen und dem König geraten haben, dem bis dahin namenlosen Lustschlosse diesen Namen zu geben. Friedrich selbst nannte übrigens diese Sommerresidenz in der Regel schlechtweg „seinen Weinberg" („ma vigne"), während er das später erbaute sog. „Neue Palais" als das „Schloß von Sanssouci" („mon palais de sanssouci") zu bezeichnen pflegte. Dennoch ist der Name „Sanssouci" mit der Zeit ausschließlich für das Lusthaus auf dem Weinberge üblich geworden. In ihm hat sich Friedrich einen anmutigen Fürstensitz geschaffen, in welchem er nach ernster Tagesarbeit, im Verkehr mit gleichgesinnten Freunden, seine liebste Erholung fand.

Eine ganz besonders bevorzugte Stellung hat in dem Freundeskreise Friedrichs eine Zeitlang der französische Dichter Voltaire[1] eingenommen, der auf wiederholtes Drängen des Königs im Jahre 1750 nach Potsdam übersiedelte und mit hohen Ehren überhäuft wurde. Er ist namentlich bei den eigenen wissenschaftlichen Arbeiten des Königs und bei der Abfassung der von ihm veröffentlichten Schriften sein Beistand und Ratgeber gewesen. Durch seine eigene Schuld, seine grenzenlose, mit dem widerwärtigsten Neide verbundene Eitelkeit und sein hoffärtiges Benehmen machte aber Voltaire sein Verbleiben am Hofe unmöglich, und er mußte im Jahre 1753 nach Frankreich zurückkehren. Trotzdem ist Friedrich mit Voltaire auch nach dessen Entfernung vom Hofe noch längere Zeit im brieflichen Verkehr geblieben. Vom Jahre 1748 an war das Schloß von Sanssouci den größten Teil des Jahres hindurch die Residenz des Königs. Später ist dann das viel geräumigere und prachtvollere „Neue Palais" an dessen Stelle getreten.

Hatte der König schon die Friedensjahre vor dem siebenjährigen Kriege zu unermüdlicher Arbeit ausgenutzt, um den Wohlstand seiner Lande zu mehren, so hat er es sich nach Beendigung dieses Krieges erst recht angelegen sein lassen, die Wunden zu heilen, die die jahrelangen Kriegsunruhen seinen erschöpften und von den Feinden verwüsteten Landen geschlagen hatten. Ohne an Ruhe zu denken, die ihm nach den Sorgen und Aufregungen der Kriegsjahre not getan hätte,[1] setzte er seine ganze Kraft und Zeit an diese Aufgabe. Die Summe von 25 Millionen Taler, die er für den Fall, daß ein neuer Feldzug nötig werden sollte, in Bereitschaft liegen hatte, wurde nun an die Bedürftigsten verteilt. Die überflüssig gewordenen Artilleriepferde wurden den Gutsbesitzern und Bauern zu

Feldgespannen übergeben. Das in den Magazinen für eine etwaige Fortsetzung des Krieges angesammelte Getreide kam nun der daniederliegenden Landwirtschaft zugute und diente bei der Neubestellung der Äcker als Saatkorn. Wo es nötig war, erhielten die verarmten Landleute auch bare Geldunterstützungen.

Um sich von den im Lande vorhandenen Notständen persönlich zu überzeugen, bereiste der König noch im Laufe des Sommers 1763 seine Provinzen, in denen die Zustände, die er vorfand, vielfach unendlich traurige waren. Es gab Landstrecken, die vollständig verheert waren, in welchen Reste der alten Wohnungen kaum zu entdecken waren, Städte, von welchen einige von Grund aus, andere zur Hälfte durch Feuer zerstört waren. Von 13 000 Häusern war jede Spur verschwunden. Von den 4½ Millionen Einwohnern, die Preußen beim Beginn des Krieges gezählt hatte, fehlte der neunte Teil. Adel und Bauern waren von den feindlichen Heeren, die im Lande gehaust hatten, geplündert und ausgesogen; vielen war nichts geblieben als das nackte Leben und elende Lumpen. Zu alledem kam noch,[1] daß infolge der langen Dauer des Krieges in weiten Kreisen des Volkes eine völlige Verwilderung eingerissen war und alle Bande der Zucht und der gesetzlichen Ordnung gelöst waren. An vielen Orten gab es keine Polizei und keinen Richter mehr, ja nicht einmal einen Steuereinnehmer.

Es darf daher mit Recht gesagt werden, daß Friedrich im Frieden ebenso groß gewesen ist als im Kriege. Mögen auch die Maßregeln, die er traf, um den daniederliegenden Wohl-

stand seiner Lande von neuem zu heben, von manchen Miß=
griffen nicht frei gewesen sein, so hat er doch auf wirtschaftlichem
Gebiete nicht minder Großes geleistet, wie auf militärischem.
Gleich seinem viel verkannten Vater, dem König Friedrich
Wilhelm I., ist er ein Staatswirt ersten Ranges gewesen, ein
Landesvater im vollsten Sinne des Wortes, der nicht nur sein
Volk und Land verteidigt und nach außen groß gemacht hat
sondern auch dessen Wohlstand im Innern auf allen Gebieten
zu neuer Blüte zu bringen wußte, und der unermüdlich bemüht
war, in seinen Landen Saaten auszustreuen, die noch bis auf
diesen Tag die reichsten Früchte tragen.

Wie nach der Beendigung des Krieges die Mehrung der
Staatseinkünfte für den König seine hauptsächliche Sorge
gewesen ist, so nicht minder die erneute Verbesserung der
Rechtspflege, in der sich während der Kriegsjahre von neuem
mancherlei Mißbräuche eingeschlichen hatten. Unter der Ober=
leitung des schlesischen Justizministers Carmer, wurde die
Ausarbeitung eines preußischen Gesetzbuches in Angriff genom=
men. Zu Friedrichs Lebzeiten ist zwar nur der erste Teil
desselben zum Abschluß gekommen, der eine neue und bessere
Prozeßordnung enthielt. Die Vollendung des ganzen unter
Friedrich dem Großen begonnenen Werkes ist allerdings erst[1]
der Regierung seines Nachfolgers vorbehalten gewesen.

Beiläufig sei hier ein Prozeß erwähnt, mit dem es der
König bei der Erbauung des Schlosses Sanssouci zu tun ge=
habt hat, und an welchen noch heute die sog. „historische Wind=
mühle" in der Nähe dieses Schlosses erinnert. Es handelte

sich um den Besitzer einer Windmühle, namens Gräbenitz, der sich durch die Erbauung des Schlosses in dem Betriebe seiner Windmühle geschädigt sah. Durch die Herstellung[1] der Gärten von Sanssouci wurde ihm der bisherige kürzere Weg, der von Potsdam zu seiner Mühle führte, abgeschnitten, und er, wie seine Kunden hatten einen weiteren Weg zu machen. Nachdem er dafür eine reiche Entschädigung erhalten hatte, beschwerte er sich, daß ihm durch den in die Höhe wachsenden Bau des Schlosses der Wind abgeschnitten werde. Abermals verstand sich der König zu einem reich bemessenen Ersatz für den angeblichen Schaden, indem er sich zugleich erbot, dem Müller die Mühle abzukaufen, um damit allen Weiterungen vorzubeugen. Gräbenitz lehnte aber den ihm gebotenen Kaufpreis ab, wahrscheinlich in der Hoffnung, daß sich der König, um nur die Mühle in seinen Besitz zu bekommen, zu einer noch höheren Kaufsumme verstehen werde. Gräbenitz erklärte, daß er die Mühle um keinen Preis hergeben werde. „Um keinen Preis?" soll ihm des Königs Unterhändler erwidert haben. „Kann der König sie Euch[2] nicht um gar nichts wegnehmen, wenn er wollte?" Darauf, so lautete die noch heute weit verbreitete Erzählung, habe Gräbenitz entgegnet: „Ja, wenn wir nicht das Kammergericht in Berlin hätten." Tatsächlich dürfte[3] aber die Sache etwas anders liegen. Als der Müller nach Ablehnung des ihm gemachten Angebotes, seine Mühle dem Könige zu verkaufen, diesen mit neuen Forderungen behelligte, schrieb der König an den Rand seiner Eingabe: „Wenn der Kerl noch etwas will, mag er mich gerichtlich verklagen."

Danach hätte also der König es auf eine gegen ihn geltend gemachte Klage ankommen lassen. Er hatte sich inzwischen so an die Windmühle gewöhnt, daß ihm an ihrer Entfernung gar nichts gelegen, diese ihm vielmehr zu einer Art Schmuck für seinen Garten geworden war. Daher soll er auch den Windmüller abschlägig beschieden haben, als dieser später um die Erlaubnis einkam, seine Mühle abbrechen und nach Wustermark[1] verlegen zu dürfen. Immerhin ist in jedem Falle auch dieser Müllerprozeß ein Zeugnis für den Rechtssinn des Königs, das noch heute unsere Bewunderung verdient.

Je unablässiger Friedrich, wie wir gesehen haben, in unermüdlicher Arbeit darauf sann, die Wunden zu heilen, die der lange Krieg seinen Landen geschlagen hatte, um so mehr ist er bemüht gewesen, den Frieden nach außen zu erhalten und zu sichern. Nach dem Grundsatz, daß, wer den Frieden will, zum Kriege gerüstet sein muß, ließ er es sich vor allem angelegen sein, auch ferner für die Erhaltung eines kriegstüchtigen schlagfertigen Heeres Sorge zu tragen. Durch Musterungen, die er alljährlich in den Provinzen über seine Truppen selbst abhielt, erreichte er, daß sein Heer und dessen Führer nicht auf den errungenen Kriegslorbeeren ausruhten. Auf die Erhaltung des Friedens war auch das Schutz- und Trutzbündnis berechnet, das er schon bald nach Beendigung des siebenjährigen Krieges, im Jahre 1764 mit der Kaiserin Katharina II. von Rußland abschloß. Er sicherte sich dadurch für den Fall, daß er nochmals angegriffen werden sollte, an Rußland einen starken Verbündeten, während er im anderen Falle beim Ausbruch eines

Der große Preußenkönig

neuen Krieges gerade diese Macht am meisten zu fürchten gehabt haben würde. Hatten ihm doch die Russen in dem verflossenen Kriege den meisten Schaden zugefügt. Im Bündnisvertrag verpflichteten sich Preußen und Rußland, falls einer von beiden Staaten mit einem Nachbar in Krieg geraten sollte, gegenseitigen Beistand an Hilfstruppen bis 12 000 Mann oder statt dessen an Geld zu leisten.

Durch sein Eintreten für die Erhaltung Bayerns[1] trug Friedrich 1779 einen großen moralischen Erfolg davon. Nun war er in den Augen des deutschen Volkes nicht mehr der dreiste und gewalttätige Eroberer, für den er bis dahin gegolten hat, sondern der Schirmer deutschen Rechtes.

Friedrich forderte auch die deutschen Reichsfürsten zur Gründung eines deutschen Fürstenbundes auf. Es war der Zweck dieses Bundes, durch einen engen Zusammenschluß der in ihrer Vereinzelung machtlosen Stände Deutschlands sich gegen die ferneren Übergriffe Österreichs zu schützen. Der größte Teil der weltlichen und geistlichen Fürsten, auch der Kurfürst von Mainz, traten dem Bunde bei, der gewissermaßen eine vorbereitende Weissagung und der erste, wenn auch damals ohne Erfolg gebliebene Schritt zur Herstellung eines einigen Deutschen Reiches unter Preußens Führung gewesen ist.

Fünftes Kapitel
Die Erwerbung von Westpreußen

Durch das Bündnis mit Rußland wurde Friedrich der Große in Bestrebungen hineingezogen, die seinen eigenen Absichten nicht entsprachen und die den Frieden Europas von neuem zu gefährden drohten. Mit dem im Jahre 1763 erfolgten Tode des Kurfürsten August III.[1] von Sachsen, der zugleich König von Polen war, geriet dieses innerlich längst zerrüttete Wahlkönigreich völlig unter den Einfluß Rußlands. Vergeblich versuchte Kursachsen die polnische Krone dem sächsischen Hause zu erhalten. Die russische Zarin Katharina II. wußte die Wahl ihres ehemaligen Günstlings und Geliebten Stanislaus Poniatowski zum Könige von Polen durchzusetzen. Dieser war aber nicht imstande, dem in Polen immer mehr überhandnehmenden inneren Verfall zu wehren und geordnete Zustände in dem von Parteien zerrissenen Lande zu schaffen. Schon machte Rußland und die Zarin Katharina Miene, sich ganz Polens zu bemächtigen und seine Grenzen dadurch im Westen bis unmittelbar an die preußischen vorzuschieben. Die Ausführung dieses Planes wurde aber dadurch gehindert, daß die Türkei im Jahre 1768 Rußland den Krieg erklärte. Die Türkei fühlte sich durch wiederholte Grenzverletzungen, die Rußland sich in Polen hatte zu schulden kommen lassen, und durch das in Polen aufgestellte russische Heer bedroht. Es war vorauszusehen, daß der russisch=türkische Krieg nicht auf die beiden Staaten beschränkt bleiben würde. Österreich konnte und wollte etwaigen Erwerbungen Rußlands in der Türkei nicht ruhig zusehen. Eine weitere Vergrößerung des ohnehin mächtigen Nachbars mußte für Österreich gefährlich werden.

Unter diesen Umständen erfolgte jene Annäherung Österreichs an Preußen, die, zu den Begegnungen König Friedrichs und Kaiser Josephs II. geführt hat. Von der Türkei, in welcher die Russen die Moldau und Walachai erobert und die türkische Flotte verbrannt hatten, erging an König Friedrich die Bitte, den Frieden mit Rußland zu vermitteln und auch Österreich zur Mitwirkung bei dieser Vermittlung zu bestimmen. Mit großem Geschick hat Friedrich sich dieser Aufgabe unterzogen. Im Oktober 1770 entsandte er seinen Bruder, den Prinzen Heinrich, nach Petersburg mit dem Auftrage, Katharina zu mahnen, daß sie nicht durch übermäßige Forderungen an die Türkei Österreich zum Eingreifen in den russisch=türkischen Krieg nötigen möge. Während des Aufenthaltes des Prinzen in Petersburg kam die überraschende Nachricht, daß Österreich plötzlich das an der ungarischen Grenze gelegene zu Polen gehörige Gebiet von Zips besetzt habe. Bei der Kunde von diesem Gewaltstreich Österreichs ließ die Kaiserin Katharina das Wort fallen: „Es scheint, daß man in Polen sich nur zu bücken braucht, um etwas zu nehmen; — wenn der Wiener Hof dies Reich zerstückeln will, so werden die übrigen Nachbarn berechtigt sein, ein Gleiches zu tun."

Damit war der Gedanke einer Teilung Polens zum ersten

Male ausgesprochen. Friedrich griff ihn bereitwillig auf. Er tat es nicht bloß um des Ländererwerbs willen, der ihm dadurch winkte, sondern noch mehr um ihn für die Beilegung des russisch=türkischen Krieges auszunutzen. Er selbst übernahm die Einleitung der Unterhandlungen mit Österreich wegen der in Anregung gebrachten Teilung Polens. Österreich und namentlich die Kaiserin Maria Theresia trugen anfangs Bedenken, auf Friedrichs Vorschläge in betreff der Teilung einzugehen. Nachdem man sich aber in Wien überzeugt hatte, daß Rußland nur um diesen Preis zur Nachgiebigkeit gegen die Türkei sich bestimmen lasse, und daß die Teilung Polens das einzige Mittel sein würde, einem europäischem Kriege vorzubeugen, ließ man die Bedenken fallen. Unter Vermittelung Friedrichs zeigte sich auch Rußland zum Abschluß des Friedens mit der Türkei bereit. Zwischen den drei Mächten Rußland, Österreich und Preußen aber wurde am 5. August 1772 der Vertrag vereinbart, der zur ersten Teilung Polens geführt hat. Den Löwenanteil, ein Gebiet von 2200 Quadratmeilen, erhielt Rußland, Österreich bekam durch Galizien einen Zuwachs von 1300 Quadratmeilen, während sich Preußen mit wenig über 600 Quadratmeilen begnügte. Ihm fiel der ehemals im Besitze des deutschen Ordens[1] gewesene und diesem von Polen entrissene Teil von Preußen zu, mit Ausnahme der Städte Danzig und Thorn. Die neue Erwerbung, von der Friedrich am 13. Sept. 1772 Besitz ergriff, wurde Westpreußen genannt, und da das Haus Hohenzollern[2] dadurch wieder[3] in den Besitz des ganzen preußischen Landes gelangte, so nannte sich von

Der große Preußenkönig

nun an der König nicht mehr wie bisher „König in Preußen," sondern „König v o n Preußen."

Der Hauptwert dieser neuen Erwerbung lag darin, daß durch sie zwischen den bisher getrennten Provinzen Pommern und Neumark einerseits und Ostpreußen andrerseits die bis dahin schmerzlichst vermißte Landverbindung wiederhergestellt wurde. Den neu gewonnenen Landesteilen aber hat Friedrich vom ersten Augenblicke ihrer Erwerbung an seine unablässige landesväterliche Fürsorge zugewendet. Durch sie ist es ihm gelungen, ein Land, das einer Wildnis glich, in eine blühende Provinz umzuwandeln. Durch eine Schar der besten Beamten, die er in die neu erworbene Provinz schickte, hat der König geordnete Zustände hergestellt, wo er die wüsteste Unordnung vorgefunden hatte. Neue Kirchengemeinden wurden wie durch einen Zauber ins Leben gerufen. Die verwüsteten Städte wurden neu bevölkert und durch angesiedelte Handwerker zu neuem Wohlstand erhoben. Die brachliegenden Felder wurden durch deutsche Kolonisten, die Friedrich ins Land zog, urbar gemacht. Zur Erziehung der völlig verwahrlosten Jugend wurden in kurzer Frist 187 Schullehrer angestellt. Straßen und Kanäle wurden neu angelegt, die ebenso der Landwirtschaft wie dem wieder aufblühenden Handel und Gewerbe zugute kamen. An die Stelle der langjährigen Verwirrung und Rechtslosigkeit trat überall eine strenge gewissenhafte Rechtspflege, Sicherheit des Lebens und des Eigentums, die Leibeigenschaft, unter der die Landbevölkerung bis dahin geseufzt hatte, wurde aufgehoben. Es gibt mit einem

Worte kein Gebiet der bürgerlichen und wirtschaftlichen Verhältnisse, auf welchem der neu erworbenen Provinz nicht die Segnungen einer geordneten Verwaltung zuteil geworden wären.

Sechstes Kapitel
Friedrichs des Großen Lebensabend und Tod

Unter rastloser Arbeit, in der sich Friedrich der Große trotz der immer mehr zunehmenden Gebrechen und Beschwerden des Alters bis an sein Lebensende keine Ruhe gegönnt hat, begannen sich seine Lebenstage dem Ende zuzuneigen. Allein jede Zumutung, sich zu schonen, lehnte der „alte Fritz" mit Entschiedenheit ab. „Mein Stand verlangt Arbeit und Tätigkeit," sagte er, „mein Leib und Geist bäumen sich unter ihrer Pflicht; daß ich lebe, ist nicht notwendig, wohl aber, daß ich tätig bin. Dabei habe ich mich immer wohl befunden." Aber bei aller Befriedigung, die er in unermüdlicher Arbeit fand, blieb doch nicht aus, daß er je länger je mehr aufs schmerzlichste die Vereinsamung seines Alters empfand. Auch auf seine geistige Stimmung blieb das nicht ohne Einwirkung. Er war oft launisch, verdrießlich und mißtrauisch. Immer mehr zog er sich selbst zurück, und in seiner Abgeschlossenheit wurde er für den Verkehr mit Menschen immer ungenießbarer. Daß ihm das Glück eines Familienlebens versagt gewesen ist, haben wir oben bereits gesehen. Auch auf den Ersatz, den er dafür in dem Umgang und Verkehr mit gleichgesinnten Freunden und mit den Genossen seiner Kämpfe und Siege gesucht hatte, mußte er mit den zunehmenden Jahren verzichten. Immer mehr lichtete sich der Kreis seiner alten Freunde. Winterfeldt,[1] Seydlitz, der Lordmarschall Keith und viele andere waren vor ihm dahingegangen. Von seinen großen Feldherren blieb zuletzt nur noch Zieten übrig. Als dem König am 27. Jan. 1786 auch dessen Heimgang gemeldet wurde, sagte er wehmütig: „Unser alter Zieten hat auch bei seinem Tode sich noch als General gezeigt. Im Kriege kommandierte er immer die Avantgarde, und ich kommandierte die Hauptarmee. So wird es auch jetzt sein; ich werde ihm bald folgen."

Im August 1785 wohnte der König zum letzten Male einem der großen Manöver bei, die er alljährlich über seine Truppen abzuhalten pflegte. Es fand diesmal in Schlesien in der Nähe von Strehlen statt. In dem Dorfe Großtinz, dritthalb[2] Meilen von Strehlen schlug Friedrich sein Hauptquartier auf. Obwohl an einem der Manövertage der Regen in Strömen herniederfloß, ließ sich der König nicht abhalten, sechs Stunden zu Pferde auszuhalten, ohne sich eines Mantels zu bedienen. Als er bis auf die Knochen durchnäßt ins Hauptquartier zurückkehrte, waren seine Stiefel bis oben mit Wasser angefüllt. Trotz eines Fieberanfalls, den er sich dadurch zugezogen hatte, wohnte er der Revue doch bis ans Ende bei und ebenso allerhand Festlichkeiten, die ihm zu Ehren in Breslau veranstaltet wurden. Unter heftigen Anfällen von Podagra kehrte er nach Berlin zurück, besichtigte zwar noch eine Artillerieübung — es war zum letzten Male, daß er sich öffentlich in Berlin zeigte — aber den weiteren Truppenschauen, die bei Berlin in Aussicht genommen waren, mußte er fernbleiben. Die Gicht, sein altes Leiden, begann sich schon im Herbst des Jahres 1785 zur Wassersucht auszubilden, die ihm die größten Atmungsbeschwerden und Brustbeklemmungen bereitete. Trotzdem hörte er nicht auf, sich mit gewohnter Pflichttreue und Gewissenhaftigkeit den Geschäften des Staates zu widmen. Nach wie vor las er alle Berichte seiner Minister; jeden Morgen von 4—7 Uhr diktierte er die von ihm getroffenen Entscheidungen und auch in dem auswärtigen Briefwechsel ließ er keine Unterbrechung eintreten.

Den ganzen Winter von 1785 auf 1786 brachte er im Potsdamer Stadtschloß zu, vielfach geplagt von den immer heftiger auftretenden Atmungsbeschwerden, den Folgen der zunehmenden Wassersucht. Der Frühling, der diesmal besonders mild ins Land zog,[1] schien dem König einige[2] Erleichterung zu bringen. So früh als möglich siedelte Friedrich darum nach Sanssouci über, um in der frischen Luft seiner Gärten Erholung zu suchen. Hin und wieder unternahm er wohl auch noch kurze Spaziergänge. Einige Male versuchte er sogar auf seinem Lieblingspferde „Condé" auszureiten. Zum letzten Male geschah dies am 4. Juli. Als ihm etwa zwei Wochen später sein „Condé" nochmals vorgeführt wurde, mußte er auf den Ausritt verzichten. Die immer mehr zunehmende Schwäche gestattete ihm nicht mehr, das Pferd zu besteigen. Von nun an mußte der Alte sich darauf beschränken, sich, vor dem Schlosse in einem Lehnstuhle sitzend, an den wärmenden Sonnenstrahlen zu erquicken. Als er eines Tages der untergehenden Sonne nachsah, hörte man ihn leise sagen: „Vielleicht werde ich dir bald näher sein." Aber an der Arbeit ließ er sich auch jetzt nicht trotz der immer mehr zunehmenden Schwäche hindern. Die schlaflosen Nächte, die ihm durch die Atmungsnot bereitet wurden, veranlaßten ihn, noch früher als bisher aufzustehen und sein Tagewerk zu beginnen. Schon um 4 oder 5 Uhr morgens mußten die Kabinettsräte bei ihm erscheinen. „Mein Zustand," sagte er eines Tages zu ihnen, „nötigt mich, Ihnen diese Mühe zu machen, die für Sie nicht lange dauern wird. Mein Leben ist auf der Neige; die Zeit, die ich noch habe, muß ich benutzen; sie gehört nicht mir, sondern dem Staate." Es ist ein ähnliches Zeugnis unermüdlich treuer Pflichterfüllung, das aus diesen Worten herausklingt, wie es sich in den von dem heimgegangenen Kaiser Wilhelm auf seinem Sterbebette ausgesprochenen Worten kundgegeben hat: „Ich habe keine Zeit, müde zu sein." Von seiner Krankheit sprach er, außer mit den Ärzten, mit niemandem ein Wort. Nur über den Mangel an Schlaf kam wohl hin und wieder eine Klage über seine Lippen. So sagte er eines Morgens, als einer seiner Diener bei ihm eintrat: „Wenn Ihr vielleicht einen Nachtwächter gebraucht, so würde ich gut dazu passen."

Keine Kunst der Ärzte vermochte den unaufhaltsam fortschreitenden Lauf der Krankheit aufzuhalten. Kaum eine Linderung und Erleichterung seiner Beschwerden konnten sie ihm bringen. Mitte August verschlimmerte sich sein Zustand derart, daß man auf eine nahe Auflösung gefaßt sein mußte. Trotzdem erledigte er noch am 15. August mit gewohnter Sorgfalt die laufenden Geschäfte des Tages. Dem Kommandanten von Potsdam erteilte er die Befehle für ein Manöver der dortigen Garnison, das am folgenden Tage stattfinden sollte. Einem der Kabinettsräte diktierte er eine Instruktion von vier Quartseiten für einen gerade abreisenden Gesandten. Aber am folgenden Tage begann das Bewußtsein zu erlöschen. Der König war nicht mehr imstande, mit eigener Kraft sich aufzurichten. Vergeblich versuchte er dem Kommandanten von Potsdam noch die Parole auszuteilen. Er sank dabei in die Kissen seines Lehnstuhls zurück. Am Abend dieses Tages stellte sich ein beständiger kurzer Husten mit Röcheln ein. Seine letzte Erfrischung war ein Trank Fenchelwassers, der ihm für den Augenblick Erleichterung brachte. Als es 11 Uhr schlug, fragte er: „Was ist die Glocke?" und als der Kammerdiener Strützki erwiderte: „11 Uhr," sagte der König: „Um 4 Uhr will ich aufstehen." Aber er sollte diese Stunde nicht mehr erleben. Nach Mitternacht veränderten sich zusehends seine Züge; das Auge, sonst so leuchtend, wurde immer matter und gebrochener, der Atem immer schwerer, bis er am Donnerstag dem 17. August 20 Minuten nach 2 Uhr, im Lehnsessel mit Kissen bedeckt sitzend, in den Armen des genannten Kammerdieners den letzten Atemzug tat.

Er wurde an der Seite seines Vaters in dem unter der Kanzel der Königl. Hof- und Garnisonkirche zu Potsdam befindlichen Grabgewölbe beigesetzt. Hierhin wurde seine Leiche am 18. August überführt. Es ist bedeutungsvoll, daß diese beiden Könige, die bei aller Verschiedenartigkeit ihres Wesens,

Der große Preußenkönig

bei allen Gegensätzen, die sie im Leben getrennt haben, doch unzertrennlich zusammengehören, die beide, jeder in seiner Art, den Grund zu Preußens Größe gelegt haben, im Tode vereint nebeneinander ruhen.

Wir schließen das Lebensbild des großen Preußenkönigs mit den Worten, welche er selbst seinem Nachfolger auf dem Throne und seinem Volke als ein Vermächtnis in den Aufzeichnungen seines letzten Willens hinterlassen hat. „Meine letzten Wünsche," so heißt es an deren Schluß, „in dem Augenblicke, wo ich den letzten Hauch von mir gebe, werden für die Glückseligkeit meines Reiches sein. Möge es stets mit Gerechtigkeit, Weisheit und Nachdruck regiert werden, möge es durch Milde seiner Gesetze der glücklichste, möge es in Rücksicht auf die Finanzen der am besten verwaltete, möge es durch ein Heer, das nur nach Ehre und edlem Ruhm strebt, der am tapfersten verteidigte Staat sein! O möchte es in höchster Blüte bis ans Ende der Zeit fortdauern!"

Wohl kamen bald nach dem Tode des großen Königs dunkle[1] Zeiten für Preußen, in denen die von ihm vorgezeichneten Bahnen verlassen wurden, aber sein unvergängliches Verdienst bleibt es, durch alles, was er für die Größe und den Ruhm des preußischen Staates getan hat, auch den Grund gelegt zu haben, daß Preußen dereinst an die Spitze der deutschen Stämme treten konnte, um die Wiederherstellung des in Friedrichs des Großen Tagen schon seinem Verfall entgegengehenden Deutschen Reiches in neuer Macht und Herrlichkeit zu erkämpfen.

Das wollen wir dankbar nie vergessen, wenn wir von

Friedrichs herrlichen Taten in Krieg und Frieden reden, und von der unermüdlichen Pflichttreue d e s g r o ß e n P r e u ß e n k ö n i g s.

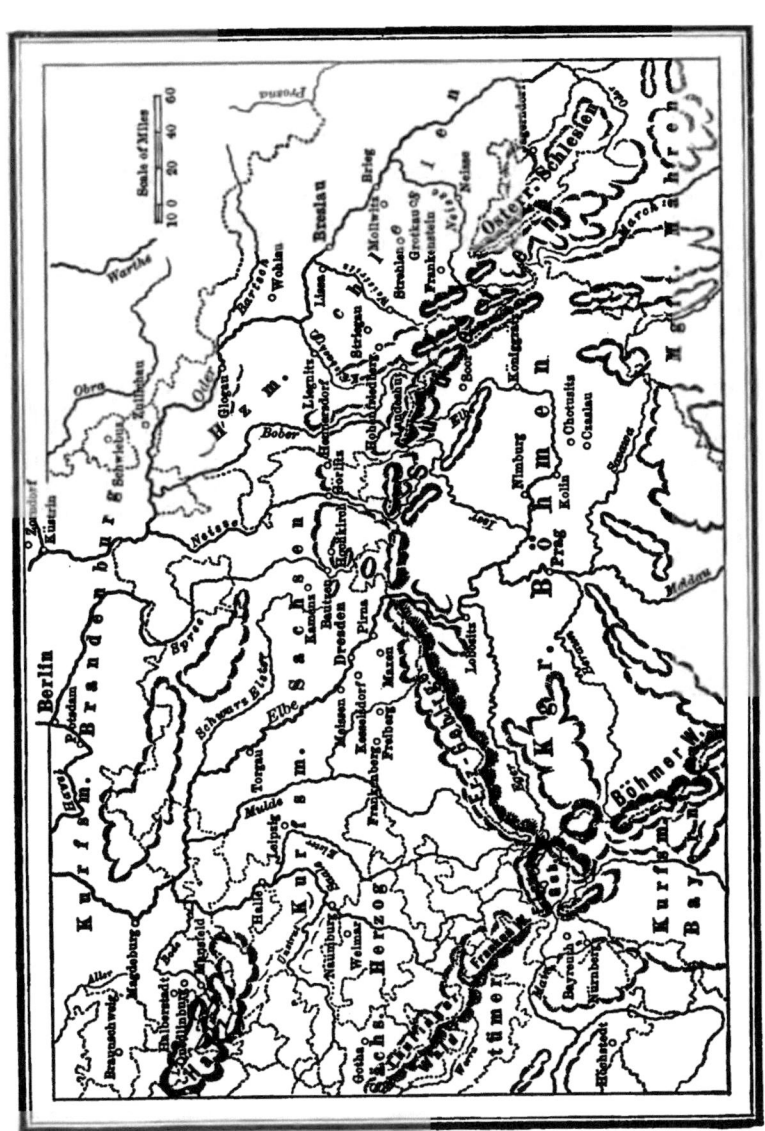

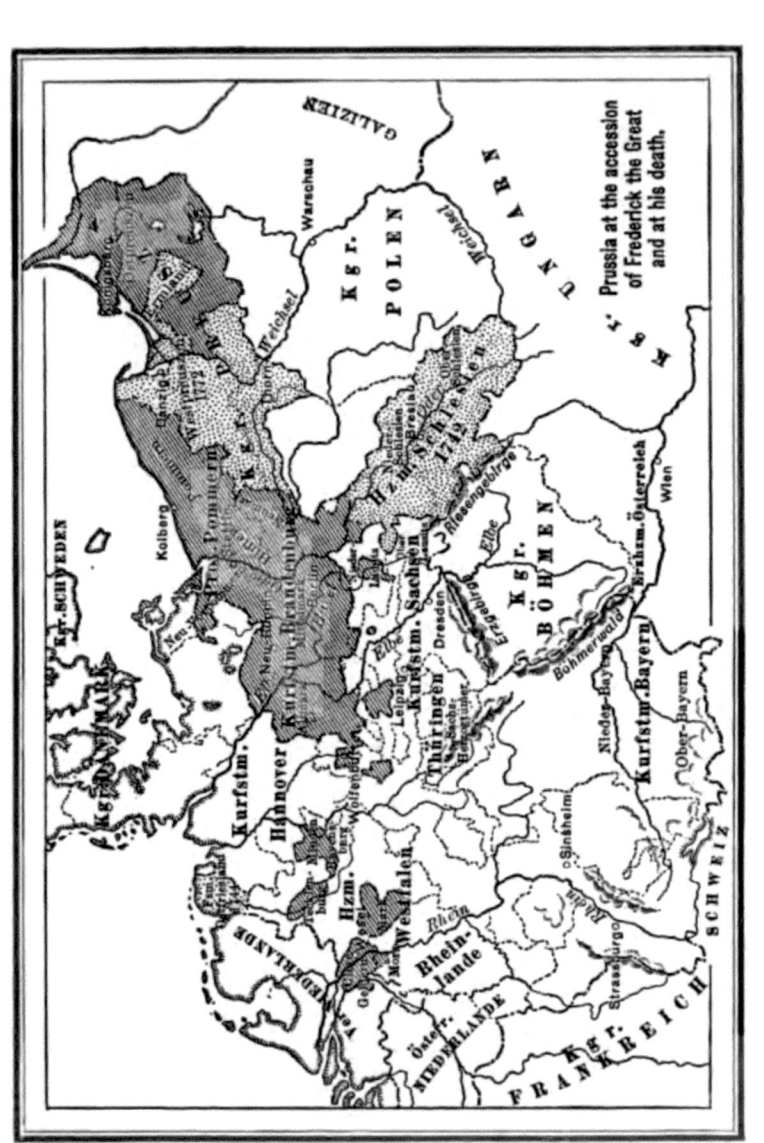

Prussia at the accession of Frederick the Great and at his death.